AF563641

ÉLOGE

DE C. ALP. ROBERT

CHIRURGIEN HONORAIRE DES HÔPITAUX DE PARIS,
AGRÉGÉ LIBRE DE LA FACULTÉ,
PROFESSEUR D'ANATOMIE A L'ÉCOLE DES BEAUX-ARTS,
MEMBRE DE L'ACADÉMIE DE MÉDECINE DE PARIS,
MEMBRE FONDATEUR DE LA SOCIÉTÉ DE CHIRURGIE, ETC.

PAR

Le Dr AR. VERNEUIL

PARIS
IMPRIMERIE DE E. MARTINET
RUE MIGNON, 2
1864

ÉLOGE DE ROBERT

Messieurs,

Le 4 décembre 1862, nous suivions jusqu'à sa dernière demeure le maître qu'une longue agonie venait de nous ravir : à cette époque, je lui adressais en votre nom le suprême adieu (1). Je ne pouvais trouver que des paroles de regret et de douleur ; je parlais en élève, en ami plutôt qu'en historien ; c'est qu'au bord d'une fosse que la terre n'a pas encore comblée, on songe moins au savant qu'à l'homme aimé dont la veille on pouvait recevoir l'étreinte, interroger le regard ; c'est que, dominé par une émotion profonde, on sent trop par le cœur pour juger avec l'esprit.

(1) Ce discours a été lu devant la Société de chirurgie en séance solennelle le 21 janvier. Dans la suite et pour des motifs particuliers, l'auteur a jugé nécessaire de reprendre son œuvre et de la publier hors des actes officiels de la Société ; toutefois il a cru devoir lui conserver la forme de circonstance.

Ma courte allocution laissait de côté l'académicien, le membre fondateur de notre société, le professeur à l'École des beaux-arts, le chirurgien d'hôpital prudent et habile, en un mot l'homme public dans ses rapports avec la science et l'art.

Mais, dans notre pensée commune, la Société de chirurgie n'était pas quitte, elle devait plus à l'un de ses parrains, au collègue qui avait si longtemps partagé ses travaux et contribué si puissamment à fonder sa réputation.

La tâche d'apprécier la carrière scientifique et professionnelle de Robert ne m'était point tout d'abord réservée; j'ai accepté le saint mandat, je dirais avec joie si je n'étais sous l'influence d'une certaine préoccupation.

Admis depuis de longues années dans l'intimité de Robert, initié à ses projets, à ses nobles ambitions, ayant partagé ses labeurs et ses veilles, ayant souffert de ses échecs et m'étant réjoui de ses succès; devenu pour ainsi dire son fils adoptif dans la science, et pénétré de reconnaissance pour les services qu'il m'a rendus, éviterai-je le soupçon de partialité, serai-je véritablement juste, n'exalterai-je point le mérite d'un maître qu'en mainte occasion j'ai pris pour modèle, dont j'ai recueilli les préceptes pour les assimiler, et les exemples pour les suivre ?

Nous savons tous, messieurs, ce que valent la plupart des éloges académiques. Taire ou amoindrir les défauts, surfaire les qualités : tel est le mot d'ordre, le code obligé de ces compositions, assemblages ordinaires d'exagérations et de pieux mensonges, au sein desquels la vérité devient ce qu'elle peut, ce dont en général l'apologiste n'a guère de souci. Il faut, à tout prix, écrire un éloge dans le sens grammatical du mot, il faut faire de son héros un Fabius ou un Solon, un Périclès ou un Aristote, afin qu'à défaut des contemporains, qu'on n'espère point rendre dupes de ces amplifications trompeuses, les générations futures du moins, supposant que les hautes positions n'appartiennent qu'aux natures d'élite, y puisent un salutaire respect pour le principe d'autorité et pour les titres décernés par les hommes.

Il est, j'en conviens, difficile et périlleux d'écrire l'histoire d'un homme marquant dont la mort est récente; il a pris part aux événements de son temps et en a subi l'inévitable influence; il s'est heurté contre des coutumes, des mœurs, des préjugés, il les a docilement acceptés ou s'est révolté contre eux; il a trouvé devant lui de institutions plus ou moins parfaites, et sur leur lit, Procuste nouveau, il a dû, bon gré mal gré, coucher son organisation, ses instincts et ses sentiments; il a lutté pour faire sa place au soleil, tantôt vainqueur, tantôt vaincu; juste il a pu succomber, inique il a pu triompher; la mort enfin qui l'a frappé a laissé debout ses émules, ses rivaux, ses amis, ses détracteurs, tous intéressés directement au verdict rendu et rarement disposés à l'accepter sans conteste.

Et puis, la critique est dure pour le biographe, rarement elle voit d'un bon œil la vérité toute nue qui, si désarmée qu'elle soit, fait plus de blessures qu'elle n'en guérit. Au prêtre de l'humble divinité on reproche toujours quelque chose; s'il flétrit les morts ou dévoile seulement leurs défauts, il est profanateur de sépulture ; s'il agit de même à l'égard des vivants, il paraît donner carrière à sa jalousie ou satisfaire des haines personnelles ; s'il attaque le passé, il est ingrat et frondeur ; s'il ose toucher au présent, il manque aux convenances, crime énorme ! S'il demande mieux pour l'avenir, le titre d'utopiste lui est dédaigneusement décerné.

Les avertissements pleuvent de toute part, sévères, menaçants, doucereux, hypocrites, rarement sympathiques ; ceux-ci prêchent la charité, l'indulgence, le pardon et autres vertus théologales, qu'ils ne pratiquent que rarement eux-mêmes ; ceux-là font voir les dangers et prouvent sans peine que la franchise est mauvaise à qui s'en sert.

Certes, pour quiconque a cherché et trouvé le vrai, le dire est le plus grand bonheur et le devoir le plus sacré ; mais l'époque de la chevalerie errante étant passée, peu de gens comprennent que, sans passion et sans intérêt direct, on se fasse redresseur de torts ; par bonheur les temps changeront, ils changent déjà, le vent souffle du bon côté et les coups de plume sincères poursuivent partout l'injustice. Ayons donc, nous aussi, du courage et de la fermeté, c'est du progrès moral qu'il s'agit : il importe peu que parmi les défenseurs de cette grande cause il y ait à compter des blessés et des martyrs.

Dans le courant de ce discours, il me faudra parler des hommes et des choses. Je dirai ce que j'en pense sans animosité, mais sans faiblesse, estimant, à l'encontre d'un proverbe trop sage, que la vérité est bonne à dire et salutaire à entendre.

César-Alphonse Robert naquit à Marseille le 17 novembre 1801 ; son père exerçait le négoce, sa mère appartenait à l'une des plus anciennes familles du Dauphiné. De 1811 à 1814, l'enfant suit en Italie son père nommé contrôleur principal des contributions indirectes à Asti. A la chute de l'empire, la famille rentre en France et vient se fixer à la Côte-Saint-André, petite ville du département de l'Isère. Robert qui, dès ses premières années, avait montré pour l'étude un penchant très-vif, quitte alors le toit paternel ; il entre au collége des jésuites d'Annonay, et y poursuit brillamment ses études classiques qu'il termine en 1818.

Intelligent, laborieux, il était apte à tout, mais n'avait pas encore de vocation déterminée. On le destinait à l'École polytechnique ; provisoirement il entre dans une étude de notaire, y séjourne un an, et en sort sans regrets, comme on le peut croire.

Pendant son séjour à la Côte-Saint-André, il voyait souvent le docteur Berlioz, cousin germain de son père, esprit élevé qui exerçait la médecine dans ce pays depuis longtemps et avec distinction. M. Berlioz avait un fils qui devait lui succéder. Les deux cousins se lièrent intimement, et, pour ne point se séparer, résolurent d'embrasser la même profession. Ils vinrent tous deux à Grenoble, en novembre 1819, chercher les premières initiations, et l'année suivante débarquent à Paris. Mais bientôt l'un d'eux change de carrière : Hector Berlioz, ardent et passionné, répudie Esculape et s'adonne avec enthousiasme à l'étude de la musique pour devenir l'éminent artiste que l'on connaît. Robert persévère, convaincu qu'il a trouvé sa voie, et voue désormais à la science médicale un culte sans bornes qu'il conservait encore à ses derniers jours. Cette séparation ne porta nulle atteinte, du reste, à l'attachement sincère des deux cousins. Plus tard, le célèbre virtuose et le chirurgien de l'Hôtel-Dieu s'aimaient comme à l'aurore de leur vie.

Voici donc notre jeune Phocéen, âgé de dix-neuf ans à peine, lancé dans la grande ville ; il y arrive avec la forte empreinte des milieux où s'est écoulée sa jeunesse, empreinte qu'il gardera toujours. A défaut d'expérience, la droiture de son esprit et l'excellence de son naturel lui font faire dès l'abord un triage instinctif. De ces impressions primitives, il ne reflétera que les bonnes.

Il est de race méridionale ; il a respiré l'air des montagnes et reçu les rayons d'un soleil ardent ; son œil est vif, un sang chaud remplit ses veines ; il est et restera franc, actif, ouvert, bienveillant, expansif, impressionnable, affectueux, emporté quelquefois, quelquefois irascible, parce qu'il possède la faculté malheureusement trop rare de s'indigner contre le mal.

Aucun des travers du Midi : nulle forfanterie, la simplicité même ; il ignore la ruse, méprise l'hypocrisie. Vous l'avez vu, dans les débats académiques comme dans les discussions privées, se distinguer par des qualités peu communes : il supportait la contradiction, écoutait sans impatience les arguments adverses, se laissait convaincre au besoin et répondait avec vivacité peut-être, mais sans sortir de la mesure.

Dans les argumentations il était vif, pressant, tolérait mal la mauvaise foi dont on use assez souvent en pareille occurrence, et que ne justifient jamais les droits de la défense. L'âge qui devait adoucir les angles de ce caractère et modérer l'impétuosité du jeune homme, respecta toujours la trame du tissu. Dans une circonstance grave, il se crut calomnié : sans songer à ses cinquante ans, il montra qu'il était prêt à défendre son honneur, fût-ce au péril de sa vie.

Dans ses dernières années, Robert était calme à la surface et cachait ses émotions sous une sérénité grave et digne. Il parlait moins, se livrait peu aux nouveaux venus et aux indifférents ; il ne disait plus tout ce qu'il pensait, se contentant de penser tout ce qu'il disait.

Sa sensibilité et son impressionnabilité l'accompagnaient sans cesse dans la pratique chirurgicale. Nul certes plus que lui n'était rompu à la théorie et au manuel des opérations. Personne, à l'amphithéâtre, n'exécutait plus vite et plus brillamment les manœuvres classiques. Il avait beaucoup vu, beaucoup enseigné, et ce qui vaut mieux encore beaucoup fait ; cependant, sur le vivant, les mutilations longues, difficiles et douloureuses, lui causaient toujours une émotion singulière dont les traces étaient évidentes : son visage était pâle, sa parole brève, la sueur découlait en grosses gouttes de son large front, et son pouls battait vivement ; par bonheur, au milieu de cette tempête organique de l'homme compatissant aux utiles tortures qu'il infligeait à son semblable, seuls, les organes du chirurgien, cerveau, œil et main, ne faiblissaient guère et restaient comme étrangers au tumulte. Aussi menait-il à bien les entreprises chirurgicales les plus épineuses, sans être toutefois un de ces opérateurs impassibles, qui étonnent l'assistance au moins autant par leur sang-froid que par leur dextérité.

Les malades confiés aux soins de Robert bénéficiaient singulièrement de la répugnance qu'il avait à provoquer la douleur ; à l'hôpital, alors même qu'il enseignait librement la clinique, il s'interdisait et interdisait à ses élèves ces explorations superflues et souvent funestes, destinées à établir un diagnostic complet et méthodique. Il était avare des souffrances du pauvre et n'exigeait pas de lui ce cruel salaire du traitement gratuit. Aussi salua-t-il comme un grand bienfait l'avénement de l'anesthésie chirurgicale qui rassérénait sa conscience et enhardissait sa main. Mais comme il ne méconnaissait point les dangers de ce sombre sommeil si souvent pareil à la mort, comme il mesurait justement la responsabilité du praticien vis-à-vis des agents énergiques qui le produisent, il étudiait avec une prédilection particulière le phénomène dans ses phases diverses. Vous connaissez les fruits de ces méditations : un rapport remarquable lu et discuté devant vous, une part active dans les débats soulevés à l'Académie, et enfin d'excellentes considérations placées en tête des *Conférences de clinique chirurgicale.* Ces travaux sur l'anesthésie resteront comme un modèle de netteté, de précision et de vérité. Il ne dissimule rien, ni inconvénients, ni périls ; mais il se garde aussi de rien exagérer. A ses yeux, l'abolition artificielle de la douleur est nécessaire et morale, on ne peut songer à l'abandonner ; mais il faut toujours être pénétré des dangers qu'elle entraîne. Bien d'autres chirurgiens se sont occupés du même sujet ; ce que je tenais à faire ressortir, c'est que l'apport de Robert a été motivé plutôt par ses inspirations humanitaires que par l'intérêt de l'actualité.

Il était de souche plébéienne et sortait des rangs de ce tiers état qui fournit aux professions libérales ses meilleures recrues, jamais il n'a renié son origine pour afficher la morgue du parvenu. Le travail et l'intelligence constituaient à ses yeux les meilleurs titres de noblesse. Sans ostentation, sans emphase, sans radicalisme outré il pratiqua sans cesse les vertus démocratiques. Libéral, indépendant, partisan du libre examen et du contrôle scientifique, il signa, l'un des premiers, en 1843, la célèbre *déclaration de principes* à propos du fameux procès intenté à M. Malgaigne par un orthopédiste intolérant. Il possédait enfin et au plus haut degré le sens moral, cette notion claire du juste et de l'injuste. Dans la pratique, il reconnaissait l'égalité des hommes, et par conséquent ne se permit jamais à l'hôpital ces expérimentations pleines de hasard et que le but n'excuse que rarement. Lorsque lancé dans la clientèle, il donna ses soins à des personnages illustres par la naissance, il ne se laissa point éblouir par un blason qu'il n'enviait pas ; n'affectant ni roideur ni obséquiosité, il se tint simplement à sa place, ni trop près, ni trop loin, et ne prit à ce contact qu'une grande distinction de formes qui augmentait encore son aménité native.

Le père de Robert, je l'ai déjà dit, avait été dans le commerce, puis dans l'administration. A cette école, l'enfant contracta de bonne heure des habitudes rigoureuses d'ordre et d'économie en matière de finances, de ponctualité et d'exactitude dans les fonctions publiques.

Je voyais récemment encore les livres de dépenses et de recettes datant de sa jeunesse. Je retrouvais des notes scientifiques méthodiquement classées et qui remontent au temps de son internat. La sévère discipline de Dupuytren n'était pas faite pour amoindrir ces dispositions : aussi dans son service, Robert donnait l'exemple d'une régularité peu commune, déclarant que le premier devoir du chirurgien d'hôpital est de visiter lui-même, et chaque jour, ses malades, dussent ses intérêts personnels en souffrir ; d'ailleurs, il avait encore raison d'affirmer que l'accomplissement sévère de ce sacerdoce est le plus sûr moyen de fonder les réputations solides et d'attirer la clientèle fructueuse.

L'ordre et l'économie n'enfantèrent jamais chez lui l'avarice ni la routine ; il estimait l'argent à sa valeur, le regardant comme un agent d'indépendance, comme un moyen non comme un but : aussi point d'âpreté au gain, pas de cette soif de l'or qui s'accorde si mal avec l'esprit scientifique et qui fait déchoir le médecin au niveau du marchand. Je sais des gens à l'abri de la misère qu'il a soignés de longues années et qui ne l'ont jamais payé.

La fortune ne vient guère trouver les hommes ensevelis dans la méditation ; elle exige de coutume quelques démarches et quelques complaisances ; aussi ne sourit-elle point aux débuts de Robert. Une alliance heureuse avec la meilleure des femmes changea la position. Mais par une malheureuse infraction à sa prudence et à sa circonspection naturelles, notre jeune chirurgien voulut un beau jour s'occuper d'affaires. On lui présenta, sous les apparences les plus avantageuses, un placement industriel. N'oublions pas qu'on était à une époque où l'engouement financier saisissait tout le monde et causait des vertiges aux plus sages. Tous les hommes qui ont actuellement des chevenx blancs ont assisté à cette épidémie, et bon nombre d'entre eux ont été plus ou moins actionnaires d'entreprises plus ou moins illusoires.

Robert qui, d'ailleurs, était absorbé dans le travail des concours, céda comme les autres à l'entraînement. Les premières sommes engagées étant presque perdues, il fit comme les joueurs qui compromettent le tout pour sauver la partie, et successivement il engagea sa signature jusqu'à concurrence d'une somme considérable.

L'entreprise, qui s'est relevée depuis, sombra pour le moment. Ce fut un désastre que pallia l'intervention d'un parent, mais qui força Robert à prendre des mesures douloureuses pour prévenir la spoliation de ses enfants. Des engagements furent souscrits et scrupuleusement remplis en leur temps, l'honneur sortit donc sain et sauf de cette malheureuse épreuve. J'aurais passé sous silence cet épisode, bien étranger à mon sujet, si les faits que je viens de rétablir dans leur scrupuleuse réalité n'avaient, à diverses époques, servi de prétextes à des insinuations perfides contre l'homme de science momentanément fourvoyé.

Je puis citer un exemple de ces manœuvres déloyales. En 1841, deux chaires vacantes à la Faculté de Strasbourg furent mises au concours à Paris. Robert s'était fait inscrire parmi les candidats. C'est le moment que choisit un être méprisable pour répandre dans le corps médical un indigne pamphlet qui mentionnait les revers financiers de l'année précédente et intervertissait audacieusement les rôles jusqu'à représenter la victime des intrigants comme un trompeur.

Calomniez, calomniez sans cesse, disait Basile, il en reste toujours quelque chose. Certes, la probité de Robert n'était pas discutable; cependant il y a dix ans environ j'assistais, en province, à une petite réunion de médecins, jeunes pour la plupart. Nous devisions des coryphées de la chirurgie parisienne, et l'un des assistants, tout en rendant pleine justice au mérite de mon cher maître, regrettait pour lui les *malheureux événements* de 1840, dont il ne connaissait point, disait-il, les détails, et qui n'étaient parvenus jusqu'à son oreille que sous forme de vagues rumeurs. C'est le souvenir de cette conversation qui m'a engagé à faire, une fois pour toutes, justice de ces bruits, et à laver de toute souillure la mémoire d'un honnête homme.

Robert ne fut jamais prodigue, mais dès qu'il fut sorti des embarras financiers il devint avec bonheur bienfaisant et généreux; imbu de cette maxime, que toute peine mérite salaire, il rétribuait amplement les services rendus. Laissez-moi vous raconter une anecdote dont je puis garantir l'authenticité. En 1848, Robert concourait pour le professorat; il avait besoin d'un secrétaire pour l'aider à rédiger sa thèse; Germer Baillière, son éditeur, mort depuis, se chargea de trouver le sujet; il lui envoya effectivement un jeune homme sorti la veille de l'internat et dont les ressources étaient des plus précaires. On convint de prix à 500 fr. L'aide fit de son mieux et s'efforça de gagner consciеusement son argent. Robert avait été mis dans la confidence de sa gêne : le premier jour il lui fit accepter 200 fr. sous un prétexte ingénieux, puis, à l'expiration du concours, lui remit un petit portefeuille qui contenait intacts les 500 fr. convenus.

Non-seulement il n'avait point spéculé sur la misère du pauvre garçon, mais il l'assistait de la manière la plus délicate, cherchant à lui faire croire, par ses remercîments affectueux, qu'il restait personnellement son obligé. Cette somme de 700 fr., gagnée si promptement, c'était la manne dans le désert, ce fut la branche de salut pour le secrétaire ; elle lui permit de vivre jusqu'à un concours prochain, qui décida de son avenir.

Robert, élevé par une mère pieuse, et séjournant ensuite plusieurs années chez les jésuites, était croyant et religieux, mais sans préjugés, sans intolérance, sans pratique d'apparat. Il avait, au contraire, un respect absolu pour la liberté de conscience et pour toutes les convictions sincères ; il n'avait pris aux révérends pères que leur vie austère, leur moralité individuelle et leur science, il leur avait laissé l'esprit de domination, l'âpre despotisme et la diplomatie frauduleuse.

J'hésite presque à le dire, mais sa droiture, sa mansuétude, sa trop grande propension à l'oubli des offenses, lui furent, dans sa carrière, plus nuisibles qu'utiles. A qui ne convient pas la souplesse du roseau, il faut la dureté du chêne. Lorsqu'on se lance dans la rude mêlée des concours et dans l'ardente compétition des honneurs, certes il faut avoir sur la poitrine le triple airain du poëte, mais la probité doublée même du travail et des vertus chrétiennes est une faible cuirasse. Pour égaliser la lutte, il faut y joindre les armes offensives, parer les coups, mais les rendre avec usure, à ciel ouvert, œil pour œil, dent pour dent. Si l'on succombe, du moins on fait porter aux autres des cicatrices. Ménager ses ennemis est un mauvais calcul, je dirais presque une duperie; l'impunité les enhardit et le pardon ne les touche jamais.

Robert avait fait de fortes études classiques et s'était, de bonne heure, nourri de saines lectures. Il en conserva toujours le goût et suivit de loin le progrès littéraire de son époque; il pensait justement qu'un savant, pour être complet, ne doit pas s'isoler du mouvement général et s'immobiliser dans la contemplation technique.

Il attribuait une grande importance aux formes du style et du langage, il était puriste et s'attachait minutieusement à être clair, méthodique et précis. Nous nous sommes souvent égayés des licences du style scientifique et du sans-gêne des écrivains médicaux. Il rédigeait laborieusement; ses manuscrits étaient couverts de ratures et n'allaient à l'imprimerie qu'après avoir été retouchés et transcrits plusieurs fois; la moindre œuvre lui coûtait donc beaucoup de temps. A la lecture on ne soupçonne guère cette dystocie littéraire, car on oublie trop que rien n'est plus long et plus compliqué que d'être simple et court.

Excusez-moi de faire si souvent intervenir ma personne. Lorsque j'avais l'honneur d'être secrétaire de Robert, nous préparions ensemble mémoires, thèses, leçons, travaux divers; nous causions d'abord quelques heures du sujet mis sur le chantier. Je prenais des notes et revenais le lendemain avec mon texte provisoire. Ayant alors la plume bavarde et l'imagination fertile, j'apportais, surtout s'il s'agissait de généralités, nombre de pages prolixes, remplies de considérations transcendantes, illustrées d'images vives et d'adjectifs retentissants. Robert, sans paraître y toucher, châtrait mon éloquence, élaguait les ornements superflus et réprimait sans pitié la séve exubérante du discours; et il faisait bien, car la description du fémur se prête mal à l'hyperbole, et l'exposition des méthodes opératoires ne veut pas de lyrisme.

Au reste, malgré ce simple appareil qui contrastait heureusement avec la phraséologie sonore et sentimentale qui s'étalait ridiculement dans les écrits scientifiques du commencement de ce siècle; malgré ce simple appareil, dis-je, grande dignité dans le style : ni pédantisme, ni servilité. En citant un membre de l'Académie des sciences ou un professeur dont il pouvait avoir un jour besoin, il ne croyait pas nécessaire de faire précéder le nom d'une épithète adulatrice.

Par un scrupule que j'approuve, Robert n'a jamais, que je sache, fait célébrer sa gloire et chanter ses vertus par les organes de la presse extra-scientifique.

Mêmes règles, même rigueur pour le langage et l'enseignement oral. Il n'avait pas le don de l'éloquence, mais il était correct et attachant. Il se défiait de l'improvisation, aussi préparait-il avec conscience et précaution des discours purs de forme qu'on entendait sans enthousiasme ni secousses imprévues, mais sans fatigue ni étonnement.

Certains hommes éminents parvenus à la puissance au prix de grands efforts, semblent frappés d'oubli. Ils se servent de leur crédit pour faire arriver quand même leurs créatures, imitant ainsi et justifiant en quelque sorte la partialité dont ils ont tant souffert. Robert ne donna point le spectacle de cette étrange inconséquence; il pratiquait la reconnaissance, le dévouement, mais s'arrêtait aux limites de l'équité. Montrons-le sous ce double point de vue.

Breschet, déjà sur le déclin de sa carrière, voulut concourir pour la chaire d'anatomie vacante à la Faculté; sans contredit il était grand anatomiste et avait ajouté quelques fleurons à notre science nationale, mais il était peu versé dans les pratiques d'amphithéâtre et dans cette partie descriptive qu'il convient avant tout d'enseigner aux élèves. Le temps lui manquait d'ailleurs pour refaire de sa propre main l'apprentissage négligé. Heureusement il avait rendu quelques services à Robert, qui connaissait à fond la matière et s'offrit pour combler la lacune. Les rôles furent intervertis. L'élève devint précepteur : le jour à, l'amphithéâtre, il pratiquait et démontrait les dissections; le soir, dans le cabinet, il faisait répéter la leçon. Cela dura longtemps, ce fut une année fruste pour le jeune maître qui n'épargna ni son temps, ni sa peine pour acquitter les avances de son illustre élève.

Robert, dès longtemps, préparait à l'École des beaux-arts le cours d'anatomie appliquée, professé par Émery. Un concours du bureau central s'ouvre. A titre de chirurgien des hôpitaux le préparateur est juge. Émery veut lui imposer un candidat : Robert n'était pas opulent, pourtant il résiste et préfère quitter sa place.

Je me souviendrai toujours que Robert souffrant cruellement d'un lumbago aigu, quitta son lit tout fébricitant pour assister aux dernières épreuves du concours qui me rendit votre collègue dans les hôpitaux : je ne puis dire si je méritais ce dévouement, mais je puis bien affirmer que sans lui j'étais perdu. MM. Denonvilliers et Hillairet s'associèrent pour me sauver. A mon tour j'associerai sans cesse ces trois noms dans ma reconnaissance.

En fait de concours, Robert réservait son indépendance. Lui aussi avait rencontré des juges bienveillants ; mais si l'un deux lui avait demandé une injustice comme rétribution d'un vote antérieur, il aurait répondu qu'il faut payer ses dettes sur son propre fonds et non point avec la fortune des autres.

Une fois, à ma connaissance, il se départit de cette règle de conduite. Dans un concours du bureau central, deux candidats se partageaient les voix d'un jury réduit à six membres. Trois scrutins restèrent sans résultat. Au quatrième tour Robert abandonna celui vis-à-vis duquel il s'était engagé : il fallait bien, dira-t-on, sortir de l'impasse ; cela est possible, mais le transfuge, quel qu'il fût, s'exposait à un dilemme inévitable : si le compétiteur sacrifié méritait la place, on ne devait l'abandonner à aucun prix ; s'il ne la méritait pas, il n'eût pas fallu voter une seule fois pour lui.

Dans cette occasion, Robert avait cédé aux obsessions d'un homme alors très-puissant et qui pesait lourdement sur l'issue des concours.

Par un singulier retour, bien des années plus tard, Robert, candidat à son tour, dut compter parmi ses ennemis ce même homme qui l'avait entraîné hors des sentiers du devoir, et qui parvint, à force d'intrigues, à lui faire perdre une voix précieuse dans une circonstance décisive.

Un tel fait s'est présenté si souvent qu'il paraîtra bien inutile d'y insister, à mes yeux cependant il renferme un grand enseignement. On répète aux enfants pour les convertir, qu'un bienfait n'est jamais perdu. On devrait tout aussi souvent répéter aux adultes qu'une injustice trouve toujours sa punition. Ceux qui vous la font commettre ne vous en savent aucun gré : plus tard ils vous rencontrent sur leur chemin, vous gênez leurs projets; ils vous appliquent la peine du talion, et personne ne vous plaint.

Un des points dominants du caractère de Robert fut une persévérance à toute épreuve, très-éloignée toutefois de l'importunité qui utilise tour à tour les lamentations et les menaces. Tous ses actes étaient marqués au sceau de la réflexion et de la maturité. En revanche il n'était pas l'homme des expédients et des ressources, il manquait même de cet élan spontané, de cette résolution soudaine et énergique si précieuse dans la stratégie de la vie. Il est présumable que de bonne heure il avait tracé son programme tout entier, car chaque fois qu'il recherchait une position ses préparatifs étaient dès longtemps achevés.

Remarquez en effet avec quelle patiente ténacité il a conquis ses grades. Pendant dix ans il prépare son premier concours de professeur. Pendant les dix années suivantes il poursuit le fantôme du professorat. Il arrive à l'Académie en 1849, mais il avait fait en 1835 son premier acte de candidature. Il quitte l'Hôtel-Dieu en

1828, en finissant son internat, se promettant d'y revenir. Il y reparaît trente ans plus tard pour y terminer sa carrière chirurgicale. Il avait toujours été désireux d'enseigner aux artistes l'anatomie qui leur convient. En 1830 il est préparateur du cours; il en devient titulaire en 1856 : il ne se rebutait point des obstacles, il avait la foi et l'espoir : à une telle persistance le succès fait rarement défaut; une seule palme lui a manqué, celle à laquelle il attachait le plus de prix. J'examinerai plus tard s'il l'avait méritée.

Chose remarquable, toutes les positions lui ont été disputées par des candidats improvisés, au dernier moment, et alors qu'il eût été souverainement injuste de les lui refuser; au reste, ses droits étaient si légitimes, que jamais la prise de possession n'a soulevé de protestation raisonnable.

Il est une dernière facette du prisme que je veux éclairer. Il y avait chez Robert deux individualités distinctes, un artiste et un savant; vous n'avez guère connu que le dernier, mais sachez bien que l'ensemble de son caractère ne fut qu'une résultante de cette association.

Émanant à coup sûr des plus nobles circonvolutions cérébrales, le culte de la vraie science et l'amour pur de l'art ne sont point en antagonisme comme on le croit. Heureux celui qui les réunit avec mesure, car il corrige avec l'aide de l'un les écarts de l'autre. Que l'artiste rêveur connaisse la science, il ne sera ni mystique, ni superstitieux, ni dévergondé, ni fantasque; que le savant profond s'initie aux splendeurs de l'art, il y puisera l'énergie, l'inspiration, la grandeur d'âme, le désintéressement; il dépouillera même la rudesse qui signale trop souvent l'homme isolé par l'étude du concert du monde.

Chez Robert, les goûts esthétiques étaient innés. Son séjour en Italie où la passion de l'art est endémique, sa liaison avec Hector Berlioz, musicien inspiré, n'étaient pas de nature à étouffer ces instincts; aussi le violon, interprète sublime de l'art des sons, prit-il place dans le modeste bagage qu'en 1819 il apporta de Grenoble à Paris; il en jouait fort agréablement et le cultiva pendant les rares loisirs des premières années. Bien souvent, dans la suite, l'instrument fut délaissé, mais toujours il était repris après les grandes luttes; Robert y revint surtout lors du dernier concours si malheureusement terminé, et l'artiste sut consoler le savant vaincu.

La plastique ne l'intéressait pas moins. Ses distractions favorites étaient une longue visite dans nos musées, une soirée passée dans un théâtre lyrique. En musique, en peinture, en statuaire, comme en science, Robert inclinait visiblement vers le classique; il préférait Beethoven à Verdi, Ingres à Delacroix. La grande école académique, si savante et si forte des Gros et des David, avait toutes ses sympathies; mais comme il n'outrait rien, il ne déniait pas le talent aux artistes modernes, dont il faisait pourtant une critique aussi juste que sensée.

Peut-être trouverez-vous, messieurs, que j'ai donné trop d'étendue à ces préliminaires; vous attendiez la biographie, et, jusqu'ici, je ne vous ai présenté que le portrait. Les nombreux amis qu'a laissés mon maître ne se plaindront pas de ma prolixité, et cependant je veux l'expliquer.

Lorsque disparaît de la scène du monde un génie

transcendant qui, par ses paroles ou par ses écrits, laisse une traînée lumineuse après lui, la tâche de l'historien est toute tracée : il doit approfondir et analyser l'œuvre du météore, inventorier la science à l'époque de son apparition, et montrer l'impulsion qu'il lui a donnée. C'est ainsi qu'on loue les John Hunter, les Bichat, les Geoffroy Saint-Hilaire ; de ces génies, on peut ne peindre que la tête, si l'âme est aussi grande, tant mieux. Mais Robert ne fut ni réformateur fougueux, ni chef d'école entraînant ; son œuvre est modeste, sage et restreinte. De ses contemporains, les uns ont fait moins que lui, peu ont produit davantage ; nul n'a écrit avec plus de soin et de conscience : il a fourni son contingent de vérités utiles ; mais évidemment ce fut un *petit prophète*.

C'est surtout par l'élévation de son caractère et par ses attributs moraux que Robert a brillé : c'était un homme, le *vir* des anciens, et si Diogène avait rencontré son pareil, peut-être eût-il songé à éteindre sa lanterne. J'avais le droit de le montrer sous cet aspect. A la vérité, je semble payer simplement un tribut à la reconnaissance ; mais, à tout prendre, je crois faire une chose non moins utile que juste. Vous avez connu l'homme, vous avez lu ses productions, c'est donc à peine pour vous que j'écris. S'il est vrai que ces lignes soient destinées surtout à l'édification de la jeunesse, ne vaut-il pas mieux lui présenter l'évolution et les destinées d'une âme pure, que de lui montrer solennellement l'écrivain s'occupant des fractures du col du fémur, des varices artérielles et de la diphthérite des plaies. Un index bibliographique et quelques soirées de lecture en feront tout autant ; mais, au point de vue de l'exemple et des conclusions à tirer, l'esquisse d'une carrière noblement parcourue est plus efficace que la biographie scientifique d'un génie puissant. Le commun des martyrs peut admirer ce dernier, mais non l'égaler, car il faut pour cela posséder une certaine organisation cérébrale que la volonté seule est impuissante à créer ; tandis qu'avec un bon guide et des efforts persévérants, on peut toujours atteindre les cimes du bien, du beau et du vrai.

Si l'éducation d'un fils m'était dévolue, je lui dirais : mon enfant, vous n'avez pas la beauté de Gœthe ni la vigueur du maréchal de Saxe ; vous deviendrez difficilement érudit comme Littré, éloquent comme Berryer, riche comme Pereire, mais rien ne vous empêche d'être honnête comme le fut Robert : voilà sa vie, étudiez-la, imitez-la et vous y parviendrez. C'est sur ce terrain seul qu'existe pour tous les hommes la véritable égalité.

Aussitôt installé, notre étudiant pratique l'anatomie et s'inscrit pour les concours élémentaires, premières étapes de la carrière. Ses débuts sont heureux. En 1822, il arrive le premier à l'externat ; l'année suivante, il est nommé premier interne provisoire ; l'année suivante encore, il conquiert l'internat dans un rang très-honorable. Le tout à la force du poignet, car il était seul à Paris, sans protecteur : il n'était fils, neveu, ni cousin, à quelque degré que ce soit, d'un professeur quelconque, et ne tenait par aucun lien à l'oligarchie médicale.

Comme interne provisoire, il avait passé la majeure partie de l'année à l'Hôtel-Dieu, dans un service de médecine ; mais il était bien décidé à suivre la carrière chirurgicale. Il alla donc visiter l'illustre autocrate de la chirurgie d'alors, pour lui demander une place dans son service, place vacante, et qu'en raison de son rang de nomination, le jeune interne avait le droit de prendre. Dupuytren l'accueillit fort mal et refusa, alléguant je ne sais quel prétexte. Piqué au vif, et blessé surtout de la forme impertinente du refus, Robert ne se tint pas pour battu, et déclara tout net au grand maître qu'il avait le droit de prendre la place et qu'il la prendrait. Il la prit en effet. Il est vrai que cette juste revendication du droit déplut fort à Dupuytren, qui ne paraît jamais avoir eu beaucoup de sympathie pour l'indépendance de caractère. Les rapports furent toujours très-tendus entre le chef et l'interne : le premier se vengea par une série de taquineries et de mauvais procédés; représailles puériles, indignes tout à la fois de leur auteur et de leur victime.

Robert en conserva toujours le souvenir; il parlait rarement de Dupuytren et ne le dénigrait point en public; mais, tout en rendant justice à son grand mérite chirurgical, il ne cachait point devant ses intimes l'impression fâcheuse et durable que lui avait laissée le caractère acariâtre et despotique du chirurgien en chef de l'Hôtel-Dieu.

Pour être conséquent dans sa conduite, Robert eût dû, après avoir fait valoir son privilége, se séparer d'une manière éclatante de Dupuytren. Ces tyrans chirurgicaux, dont la race, Dieu merci, se perd de jour en jour, sont assez accessibles à la menace, et capitulent sans trop se faire prier quand on leur fait voir que derrière l'élève se trouve l'homme. Mais l'Hôtel-Dieu, à cette époque, renfermait tant d'éléments d'instruction, c'était un si vaste théâtre, qu'on ne l'abandonnait pas sans regrets. Robert supporta donc la bourrasque et resta, remplissant d'ailleurs ses fonctions d'une manière exemplaire.

Cette lutte dura trois ans; en 1828, Robert devint l'interne et bientôt l'ami de Sanson aîné, chirurgien en second de l'Hôtel-Dieu. Cette liaison, fondée sur l'estime réciproque, devint de jour en jour plus intime; elle ne fut rompue que par la mort prématurée de Sanson. Ce jour-là, Robert perdit un protecteur sincère et dévoué, dont l'intervention aurait, sans aucun doute, changé la marche ultérieure des choses. C'est de la même époque que datent les premières relations entre Robert et Breschet; celui-là devait aussi chérir tendrement son élève; celui-là l'eût aussi protégé et soutenu, mais il mourut encore avant d'avoir payé sa dette d'affection.

Certes, messieurs, rien n'est plus touchant que ces associations entre maîtres et élèves, quand de part et d'autre elles sont désintéressées, et qu'en dépit des différences d'âge et de position, la sympathie seule les a fondées. Il est bon pour les jeunes gens d'être conseillés et aidés; il est doux pour les vieillards d'être chéris et consolés; mais dans la carrière scientifique l'inféodation trop complète est dangereuse. Si c'est la corde principale de l'arc et qu'elle casse, tout est compromis. Pour se garantir contre les mécomptes et les désillusions, les débutants doivent se pénétrer de cet axiome, qu'il faut être avant tout fils de ses œuvres et tracer son sillon à la sueur de son front. Les amis et les protecteurs viendront de reste; il est permis d'accepter leur appui spontané, il il est juste de s'en montrer reconnaissant, mais il ne convient ni de le solliciter ni de spéculer sur lui, ni surtout d'y compter d'une manière trop absolue.

Les fonctions d'interne et les études d'amphithéâtre n'absorbaient point tout le temps de Robert. En 1826, la Société anatomique est réorganisée par les soins de M. Cruveilhier. Robert répond naturellement à l'appel, il est membre fondateur de la nouvelle réunion. Dès 1826, il est vice-secrétaire et reparaît au bureau en 1829. Il disséquait alors à l'amphithéâtre de la Pitié, il y recueille des pièces anatomiques et les communique au jeune aréopage : c'est d'abord une observation d'*épanchements sanguins multiples* que nous regarderions aujourd'hui comme un bel exemple de généralisation du cancer vasculaire ; puis une pièce destinée à montrer que la destruction de l'épiglotte n'empêche point la déglutition, question fort agitée par les physiologistes du temps. Chemin faisant, la relation d'une suture de la paroi abdominale qui réalise la réunion immédiate en quatre ou cinq heures. En 1827-1828, communications sur la dégénérescence graisseuse du foie, sur la formation de ces singuliers séquestres du tissu pulmonaire qu'on croyait alors consécutifs à la pneumonie et qu'on assimilait à la mortification du tissu cellulaire dans le phlegmon diffus, etc. En 1830, un cas curieux de maladie chronique de la glande sous-maxillaire causée par le séjour prolongé d'une soie de sanglier dans le conduit de Warthon.

Plus tard ce sont des cas de pratique. Robert était chirurgien du bureau central, il présentait des pièces et le récit des opérations qu'elles avaient nécessitées. Jusqu'en 1834 nous retrouvons des traces du concours que prêtait à la Société le membre fondateur devenu honoraire en 1835. Mais tout en cessant de fréquenter les séances, il n'oublie pas l'utile institution. Désormais il abandonne à ses internes les pièces pathologiques pour qu'elles aillent à leur vraie destination et concourent au progrès de l'anatomie pathologique dont Robert proclamait hautement l'extrême importance.

Pendant la même période, nouveaux concours, nouveaux succès; je veux parler de l'École pratique. En 1826, il y remporte le prix d'anatomie et de physiologie; en 1827, celui de pathologie; en 1828, ceux de clinique de médecine légale et d'accouchements. Le tout lui vaut la réception gratuite au titre de docteur.

Les trois médailles d'argent, somptueusement encadrées, eurent toujours sur le bureau de travail une place d'honneur, elles rappelaient sans cesse à l'homme fait ces premières victoires, si chères à la jeunesse et qui stimulent si vivement son ardeur.

Se produire en public, dans les examens, dans les concours surtout, est, pour le néophyte, un premier pas large à franchir; mais il est une autre communion plus solennelle encore, c'est la publication du premier travail original volontairement composé. L'entrée dans la vie littéraire est une petite révolution qui ne manque pas de faire battre le cœur, si je m'en rapporte à mes propres réminiscences; être imprimé, corriger ses épreuves, se lire en caractères romains, distribuer à ses amis, à ses parents, à ses chefs, les exemplaires du tirage à part, tout cela constitue une assez grosse affaire: on s'imagine que tout le monde doit vous lire et vous lira. En somme, on s'estime assez soi-même. Plus tard on rit bien, tout seul, de cette bénigne éruption de vanité.

Cet étroit Rubicon, Robert le passe en 1828; il publie, dans le Répertoire de Breschet, sur les *fractures compliquées de plaie*, un petit mémoire bien fait, du reste, avec des observations tirées du service de Sanson. Il s'attache à démontrer l'importance de mettre ces plaies à l'abri du contact de l'air, et de soumettre le membre fracturé à l'action continue de l'eau fraîche : combinaison, par conséquent, de l'occlusion et de l'irrigation continue. Le sujet était encore assez neuf pour le moment, quoique de temps immémorial les chirurgiens aient reconnu l'influence délétère du fluide atmosphérique sur les plaies profondes.

En 1829, au sortir de l'internat, Robert concourut pour une place d'aide d'anatomie à la Faculté et l'obtint. Ce concours fut marqué par un incident qui vaut la peine d'être relaté. La place avait été chaudement disputée par M. Michon. Le jury, qui éprouvait quelque embarras, proposait une épreuve supplémentaire. M. Michon jugea loyalement le litige que les juges prétendaient ne pouvoir terminer; reconnaissant lui-même que son ami avait une légère supériorité, il se retira, donnant ainsi à ses maîtres une leçon d'équité. D'aussi rares exemples doivent être rappelés; tous n'agiraient point comme M. Michon. Mais certainement celui-ci ne se serait point désisté pour le premier venu; ce trait honore donc les deux émules. Bien des fois, plus tard, ils se sont rencontrés sur la brèche, toujours ils ont lutté à armes courtoises, et leur vieille amitié n'en a jamais souffert. Par une destinée commune, ces deux brillants champions auxquels semblait réservée, comme de droit, la toge professorale, autour desquels se groupait la jeunesse, échouèrent près du port; plus heureux que Robert, M. Michon survit au naufrage. Puisse-t-il du moins jouir longtemps en paix du calme et du repos, digne couronnement d'une vie honorable et laborieuse.

Robert était prosecteur lorsque la révolution de 1830 éclata. Quand la guerre civile ensanglante les murs, la place du médecin est à l'hôpital ou dans la rue. Notre jeune chirurgien demeurait rue Hautefeuille, il prit sa trousse et courut à l'Hôtel-Dieu offrir ses services. Ce jour-là, Dupuytren, plus affable que de coutume, l'engagea à établir une ambulance rue SaintG-ermain l'Auxerrois, dans sa propre demeure, qu'il n'était pas fâché de faire protéger de la sorte. Mais la bataille était chaude sur ce point et la localité d'un abord difficile. Robert revint sans avoir pu réaliser son projet. Il retrouva Breschet et, sous sa direction, put faire ses premières armes, car la besogne ne manquait pas. C'est là qu'il puisa les matériaux de sa thèse soutenue l'année suivante et qui traite des plaies par armes à feu (1831).

Le 17 juin 1832, nomination au grade envié de chirurgien du bureau central. Le choléra sévissait, le nombre des médecins des hôpitaux était insuffisant, Robert se met à la disposition de l'administration, qui lui donne à diriger l'hôpital temporaire des orphelins. Quelques mois plus tard, concours d'agrégation. Il soutient une thèse intitulée : *Examen des méthodes de traitement sur les fractures du col du fémur*, sujet sur lequel il a publié plus tard de nouvelles et intéressantes recherches. Il est nommé, et non sans mérite, car parmi les candidats évincés se trouvaient M. Malgaigne, de retour de l'expédition de Pologne, et M. Ricord dont la réputation et la popularité commençaient à poindre.

Robert avait trente-deux ans, il avait acquis successivement tous ses grades au concours, et chaque assaut livré l'avait fait entrer dans la place. Devant lui trente ans de pratique nosocomiale, de plus, un pied dans l'école. L'horizon était clair, le mirage de la chaire commençait à poindre : plus d'un, content du bien acquis, se serait arrêté, mais le repos n'allait point à cette jeunesse ardente surexcitée d'ailleurs par les passions vives de l'époque.

Le concours promettait tout, et tous lui demandaient la consécration du travail, l'institution était dans toute sa splendeur, la Faculté lui devait ses plus brillants soutiens. La lice était d'ailleurs moins encombrée que de nos jours, et la toque recouvrait souvent des fronts sans calvitie et sans cheveux blancs. C'était un beau temps ! A l'ouverture de ces grandes assises, l'animation la plus vive se manifestait dans toutes les couches de l'agrégat médical. Depuis le praticien jusqu'à l'élève de première année, tous s'agitaient, discutaient, disputaient et s'apprêtaient à juger les athlètes. Véritable cirque, l'amphithéâtre contenait à peine les spectateurs passionnés, accourus pour savoir quels maîtres nouveaux on allait leur donner. Les travailleurs descendaient dans cette arêne fermes et confiants. Ils savaient bien que l'enceinte renfermait en réalité deux jurys : en bas, les juges officiels, souverains dispensateurs du titre; en haut et pressés sur les durs degrés, les juges libres, arbitres impartiaux, confirmant ou infirmant l'arrêt rendu, et dans tous les cas ne distribuant la gloire qu'à ceux qui l'avaient méritée.

Tel était condamné par le tribunal auguste qui, sortant de l'amphithéâtre, était acclamé par la foule impartiale. Tel était investi de la toge qui s'échappait par les issues secrètes pour éviter les clameurs de cette grande cour de cassation qui, sans chaises curules, fonctionnait plébéiennement sur les pavés du parvis, la tête au soleil ou les pieds dans la boue.

Cette gloire consacrée ou non par le succès, je vais dire comment on l'acquérait, en vous montrant la manière dont Robert utilisa les années comprises entre ses promotions précédentes et le premier concours de professorat auquel il prit part (1832-1841). Il partageait son temps entre l'amphithéâtre où il perfectionnait ses études pratiques, l'hôpital où il recueillait des observations, et son cabinet où, à la lueur de la lampe il lisait, analysait, résumait, annotait les auteurs. Il professait à l'École pratique la médecine opératoire comme jadis Lisfranc l'avait fait à la Pitié; ses leçons, préparées avec un soin extrême, à la fois très-élémentaires et très-substantielles, étaient fort suivies. Elles durèrent quinze ans sans interruption, et en 1846 il me fut donné d'y assister quelquefois à mon grand profit, je l'assure. Dans nos entretiens familiers, Robert me citait avec un certain orgueil les noms de plusieurs chirurgiens étrangers, célèbres aujourd'hui, qui avaient été ses élèves et qui, à l'occasion, le lui rappelaient oralement ou par écrit avec un vrai sentiment d'affection et de reconnaissance. Avec son caractère, ses élèves assidus se transformaient facilement en amis. Notre excellent collègue M. Chassaignac a fait le même métier; comme M. Robert, il a passé de longues heures dans ce charnier de l'École pratique, qu'on n'abandonnait qu'à regret à l'enseignement libre et qu'on décorait du titre pompeux d'Amphithéâtre des professeurs particuliers. Il se rappellera qu'en dépit de l'horrible insalubrité du lieu, les élèves les plus distingués se pressaient autour de Robert, comme ils se sont pressés autour de lui-même.

Les notes qui ont servi à ces leçons, complétées, rédigées et publiées, auraient constitué pour les opérations classiques un *vade-mecum* supérieur à tout ce qu'on possédait alors.

Outre qu'elles faisaient de lui sous le rapport théorique et pratique un opérateur de premier ordre, ces leçons de médecine opératoire étaient pour Robert une ressource pécuniaire qu'il ne dédaignait point, et avec d'autant plus de raison qu'au temps où il préparait ses concours il ne recherchait pas la clientèle; il la fuyait presque, regardant les heures qu'elle dévore comme une sorte de larcin fait à l'étude, et il n'avait pas tort; on sert mal ensemble Hygie et Plutus, et si dans notre beau pays de France la route était moins longue, le succès plus certain, la science mieux rétribuée, j'en connais qui se voueraient à son culte exclusif, satisfaits des émoluments de la chaire et laissant les gros pécules aux courtisans de la fortune et et aux canotiers du Pactole.

Pendant près de vingt ans, Robert sacrifia donc tout à

l'espoir d'arriver à l'école, je pourrais l'en plaindre, mais je n'aurai point le courage de l'en blâmer. C'est une si belle chose que l'enseignement; il est si glorieux d'être solennellement investi de la mission d'instruire les autres, de leur transmettre la tradition antique et de leur montrer les horizons nouveaux. Cette perspective est vertigineuse; par malheur le vertige est un trouble fonctionnel.

Le principe du concours appliqué aux rangs inférieurs de la hiérarchie scientifique n'est point contesté, mais on lui adresse, lorsqu'il s'agit des hautes dignités professorales, des reproches assez spécieux et dont un seul me touche. On l'accuse d'absorber par sa seule préparation toute l'activité des hommes, de les lasser par un labeur ingrat, et de les déposer dans la chaire comme dans un lit de repos où ils ne songent qu'à réparer leurs forces usées par un long travail d'écolier.

Comme preuve, on invoque la stérilité relative de la plupart des membres des générations précédentes, et la stérilité plus regrettable encore de certains élus. A la vérité, on peut citer de glorieuses exceptions et montrer par des exemples irréfragables, que ni le succès ni l'âge n'ont éteint certaines flammes, amorti certaines ardeurs; mais il faut convenir cependant que l'objection n'est pas sans valeur, et je reconnais qu'elle s'applique entre autres à Robert qu'à coup sûr je n'ai pas l'intention de dénigrer.

Quand on songe que pendant quarante années il s'est livré sans relâche à un travail sans trêve; quand on ouvre ses cartons remplis de notes, de résumés, de leçons préparées, d'analyses succinctes, d'observations prises au lit du malade, et lorsqu'en fin de compte, la balance à la main, on met dans un plateau ces matériaux immenses et dans l'autre la somme des productions efficaces, on est frappé d'étonnement, et l'on reconnaît qu'une telle force autrement employée aurait produit des œuvres à remplir un rayon de bibliothèque tout entier.

Le régime du concours est-il responsable de cette sorte d'avortement ? Dans l'espèce, je répondrai oui sans hésiter; mais je demande à m'expliquer et à compléter ma pensée : ce n'est point l'institution du concours que j'attaque, puisque pour ma part je saluerais joyeusement sa résurrection, mais c'est la manière dont elle a fonctionné pendant la dernière période de son existence.

Permettez-moi donc d'esquisser avec mes propres impressions et sous ma responsabilité personnelle, la physiologie générale des luttes mémorables auxquelles je fais allusion. Je dis physiologie générale, car je ne veux ni incriminer un concours en particulier, ni dénigrer tous les hommes de cette époque.

Pour aborder les concours, il fallait remplir plusieurs conditions : d'abord avoir beaucoup travaillé et posséder à fond une certaine espèce de connaissances. Parmi ceux qui sont arrivés par cette voie, il serait impossible de dénoncer un paresseux ou un ignorant. Il faut rendre à l'institution cette justice, que si elle ne désignait pas toujours le plus digne, elle choisissait du moins l'un des plus distingués, écartant sans pitié la médiocrité notoire et l'incapacité avérée.

L'éloquence n'était pas indispensable, mais il était de rigueur de s'exprimer en français, puis de montrer une certaine pureté dans la diction, et dans l'exposition une clarté méthodique. L'exigence était légitime ; l'élocution est au professeur ce que la vue est au peintre, l'ouïe au musicien et les muscles au danseur. Si érudit, si profond qu'il soit, l'homme qui ne sait pas parler n'est pas fait pour la chaire. Le vide des bancs de l'amphithéâtre est la protestation la plus saisissante contre son avénement.

On devait être encyclopédiste et le montrer à la minute, c'est-à-dire être toujours prêt à parler ou à écrire sur un sujet quelconque, sans notes, sans livres, sans réflexion, sans préparation.

Enfin dans l'espace de deux semaines, il fallait composer et faire imprimer sous le nom de *thèse* un travail sur un sujet désigné par le sort, et s'en acquitter assez bien pour pouvoir démontrer l'excellence de l'œuvre à quatre rivaux intéressés à la trouver détestable, et bien résolus à la faire publiquement passer pour telle.

Je n'ai rien à dire des deux premières conditions, mais je me permettrai de critiquer les autres : contraindre un homme, si laborieux qu'on le suppose, à exposer à première réquisition l'état de la science sur un sujet vaste ou restreint, est une exigence exorbitante, une nécessité superflue que ne réclame jamais d'ailleurs l'enseignement dogmatique le plus parfait. Je n'en excepte pas même la clinique.

En effet, les cas que le hasard amène à l'hôpital sont de plusieurs sortes : s'ils sont rares et insolites, le professeur n'est jamais forcé de les analyser et de les décrire incontinent ; s'ils sont vulgaires, il n'y a nul embarras à en entretenir les élèves, et le mérite n'est pas grand à improviser une leçon sur l'hydrocèle ou la fracture du radius ; s'il n'y a pas péril en la demeure, on peut sans inconvénient attendre les jours suivants pour établir le diagnostic et poser les indications ; en supposant, au contraire, un danger réel, on a presque toujours quelques heures devant soi pour réfléchir et prendre un grand parti. Mettons les choses à l'extrême ; il n'y a pas une minute à perdre : on n'emploie pas le temps à disserter, on agit d'abord, on parle ensuite. On est praticien dans l'instant et professeur le lendemain si l'on veut.

Il est donc évident que pour la clinique et à plus forte raison pour l'enseignement *ex cathedra*, il n'est point de circonstance qui commande impérieusement au professeur de prendre la parole sans avoir rassemblé ses idées, compulsé ses notes, fouillé ses livres, en un mot, mis à profit les ressources scientifiques que ses travaux antérieurs lui auront permis de rassembler. On fatigue son cerveau à vouloir y faire entrer trop de notions précises, il suffit de pouvoir en un temps donné trouver ce que l'on cherche en puisant aux bonnes sources.

Ces épreuves extemporanées ont engendré des prodiges de mémoire, des tours de force plus curieux qu'utiles, et des procédés d'exécution plus propres à rétrécir l'intelligence qu'à la développer ; elles ont été très-funestes au principe du concours et plus encore aux concurrents eux-mêmes. L'impossible étant réclamé, on l'élude ou l'on s'y brise. Voici comment on tournait la difficulté. Les plus habiles avaient à leur disposition des artifices qui trompaient l'assistance, masquaient l'inanité du fond par le clinquant de la forme; les plus consciencieux préparaient une à une d'abord les questions probables, puis les questions excentriques elles-mêmes, car les hasards de l'urne étaient infinis. Celui-ci mettait dix ans à faire pour son usage une sorte de petit manuel de chirurgie, chatié, rogné, concis, plein d'abréviations et de signes mnémotechniques. Le même canevas servait pour toute la vie; d'où résulte qu'excellent peut-être en 1840, il ne valait plus rien dix ans après, à cause des progrès de la science. Celui-là prenait les choses de plus loin, et commençait dès l'internat à dresser ses batteries. Les questions de conférence étaient préparées soigneusement sur de petits cartons bien propres, qui renfermaient juste assez de matière pour discourir dix minutes. Venus les concours du prosectorat ou des prix de l'internat, le carton s'agrandissait et se remplissait; il s'agissait cette fois de parler un quart d'heure.

Pour le bureau central, pour l'agrégation, épreuves plus longues, carton plus large encore, qui atteignait enfin le maximum des dimensions, pour loger tout ce qu'il était possible de débiter pendant l'heure assignée aux leçons du professorat.

De vingt à quarante ans, on faisait donc à la coxalgie, à l'anévrysme poplité ou à tout autre sujet les honneurs de quatre éditions, revues, corrigées et considérablement augmentées.

Dans les trois mois qui précédaient chaque concours, Pierre relisait son petit manuel et Paul ses petits cartons. Mais manuel et cartons ne se rédigeaient pas tous seuls; on y passait un temps infini, les plus belles années de sa jeunesse, et il ne restait plus que de rares moments pour les publications originales.

Je ne sache pas de méthode plus sûre pour atrophier le cerveau, pour enchaîner et détruire les élans de l'esprit, pour faire, en un mot, des machines à enseigner et non des professeurs.

Tout le monde reconnaissait que ce mécanisme était absurde, et pourtant il fallait bien s'en servir plus ou moins ; il entraînait d'ailleurs d'autres inconvénients : des heures de travail une moitié se passait à préparer les leçons ; l'autre à les apprendre par cœur pour les *improviser* quand l'heure était venue. Dès lors plus de loisirs pour les recherches historiques qui demandent beaucoup de temps et de soins. On prenait dans quelques gros livres les citations toutes faites sans les vérifier ; c'était plus expéditif et moins fatigant. On avait lu Boyer, J. L. Petit, l'Académie de chirurgie, quelques chapitres d'Ambroise Paré, quelques pages de Guy de Chauliac, de Celse, guère plus, souvent moins. C'était, pour le plus grand nombre, l'alpha et l'oméga de l'érudition.

Rien de reste pour les langues étrangères ; trois ou quatre chirurgiens surent l'anglais, un ou deux l'allemand. Hors de la chirurgie française point de salut : si Hunter, Hogdson, Astley Cooper, Mackensie, Scarpa, Lawrence, Richter, n'avaient pas trouvé de traducteurs, on eût peut-être ignoré leur existence. La chirurgie d'outre-Rhin n'était connue que par les extraits de quelques recueils périodiques, les *Archives* et la *Gazette médicale* entre autres.

L'érudition de bon aloi était rare à ce point que les

travaux d'ailleurs si remarquables de M. Malgaigne firent une véritable révolution, et que le conseil si simple de consulter les originaux pour les connaître fut sur le point de passer aussi pour un paradoxe. De là, messieurs, pour notre pays une longue période extrêmement inféconde pour la science proprement dite. Notez bien que je ne dis pas pour la pratique, car le souffle puissant de Boyer, de Dupuytren, de Lisfranc, animait encore leurs élèves, et enfantait cette pléiade de praticiens et d'opérateurs qui ont porté si loin la thérapeutique chirurgicale usuelle.

J'ai résolu de ne rien cacher; or, les concours d'alors étaient entachés d'un autre vice radical plus grave encore et que je veux dévoiler.

Quand on attend tout du suffrage de certains hommes, il est naturel qu'on cherche à leur plaire, ou pour le moins à ne pas leur déplaire. L'art suprême consistait, pour les concurrents, à ménager les susceptibilités ombrageuses des arbitres de leur destinée, et à flatter plus ou moins délicatement leur vanité : ne pas se compromettre, ne heurter personne, n'être jamais en contradiction avec les membres du jury, les citer tous en faisant précéder la citation d'une qualification agréable à l'oreille, constituait une préoccupation constante. Quand la liste des juges était promulguée, on faisait l'inventaire minutieux des publications de chacun, et l'on s'ingéniait aux moyens de faire entrer adroitement tous les noms propres dans la composition écrite ou dans toute autre épreuve; il n'était pas de petit mémoire, de note insignifiante qui ne fussent exhumés et qualifiés au besoin de travail important.

Puis il était des professeurs qui de droit et à perpétuité faisaient partie du jury; de ceux-là on connaissait jusqu'à la moindre ligne. On préparait de longue main un système d'adulation plus ou moins déguisé, et la simple prudence exigeait que le jeune concurrent fût pendant dix à douze ans toujours du même avis que les maîtres votants.

Chaque concours faisait un élu. L'émule d'hier devenait le juge d'aujourd'hui ou de demain. Quelque vive qu'ait été la lutte, il fallait imposer silence à ses ressentiments, à ses antipathies, et saisir l'occasion propice pour signer avec son heureux adversaire un traité de paix plus ou moins sincère. Il y avait dans le nombre plus d'un baiser de Judas.

Si dans l'intervalle des concours on avait quelque travail à publier, quelque idée à produire, il fallait y mettre une grande circonspection; ne point écrire sur le même sujet qu'un juge, si l'on ne devait pas confirmer ses idées, car un travail même sincère et vrai devenait au grand moment une arme dangereuse. On était libre d'exprimer sa pensée, comme Figaro était libre de rédiger un journal.

On comprend sans peine à quel niveau d'abaissement portaient l'esprit dix années de cette servitude. Le plus sage était presque de ne rien faire, on était sûr au moins de ne choquer personne et de ne pas se créer d'ennemis. Au point de vue purement scientifique, l'initiative, l'indépendance de la pensée étaient paralysées, et quand avait sonné l'heure de la délivrance le mauvais pli était indélébile.

D'ailleurs les plus ambitieux, après l'école, désiraient l'Académie de médecine, après l'Académie de médecine, l'Académie des sciences, etc., de sorte que les entraves n'étaient jamais rompues et qu'il fallait toute la vie ménager, sinon flatter les grands dignitaires de la profession.

Le concours se terminait invariablement par la thèse. J'ose l'affirmer, cette épreuve était illusoire, pour ne rien dire de plus. Je signalerai d'abord l'inégalité des sujets : à l'un un point circonscrit, limité, à sens précis, des observations à découper aux ciseaux dans les recueils et à coudre tant bien que mal ensemble; à l'autre quelque question générale sur laquelle cent volumes ont été écrits. Le même temps pour explorer le lac d'Enghien et l'océan Pacifique.

Il était bon de présenter d'énormes thèses, coûte que coûte. On choisissait chez l'imprimeur la justification la plus favorable. Vastes marges, larges interlignes, gros caractère, observations nombreuses reproduites *in extenso*. Mille exemplaires pour que tout le monde ait le sien et que l'auditoire soit favorable; charge énorme pour les candidats indigents.

Une collaboration scandaleuse , une armée d'amis prenant, qui l'introduction, qui le pronostic, un autre les recherches bibliographiques, un quatrième les traductions, etc., puis des déceptions : un collaborateur avait promis un chapitre, il manquait de parole, le chapitre manquait dans la thèse; peu d'unité, pas d'ampleur, un magma indigeste et hétérogène. On ne trouverait pas dix de ces thèses si estimées, représentant à leur époque le véritable état de la science.

On savait qu'on serait sévèrement commenté, que l'affirmation et la négation étaient dangereuses, dès lors toutes sortes de restrictions, de précautions pour ne pas être pris en flagrant délit d'erreur ou de hardiesse; une série d'adverbes prudents, de termes équivoques; derrière chaque phrase une porte de sortie; chaque proposition avait sa soupape de sûreté.

Dans l'argumentation agressive ou défensive, même tactique : critique ordinairement injuste, parfois déloyale. Vis-à-vis des juges, même diplomatie : citer leurs travaux quand même, admirer les bons, parler avec bienveillance des médiocres, absoudre les mauvais, s'en faire autant que possible des boucliers, et amener l'adversaire à prononcer dans le feu du débat des paroles imprudentes; tendre à son antagoniste des souricières, c'était le terme consacré. Grand embarras quand sur la même question un juge avait dit blanc et l'autre noir, on s'en tirait néanmoins par des subtilités que n'auraient pas désavouées les scolastiques et les casuistes. Un duel de paroles à bottes secrètes, où à défaut de sang coulaient à flots la dignité humaine et le respect que se doivent des hommes mûrs; ou bien un combat burlesque rappelant la place publique et les tréteaux de la foire. Ces argumentations tant vantées, je les ai entendues, bien souvent elles m'ont serré le cœur. Leur utilité était contestable, leur moralité nulle. On réprouve les combats de taureaux et de coqs, il ne me paraît pas meilleur de convier les élèves en masse à voir leurs futurs maîtres se déchirer à coups de langue.

De tout ceci, messieurs, n'allez pas conclure que je condamne l'institution du concours, c'est pour les gens indépendants et fiers la meilleure, la seule garantie. Si je vous disais tout ce que je pense de l'élection, vous verriez bien de quel côté sont mes préférences.

Mais je crois que pour s'assurer qu'un homme est instruit et sait parler, il est d'autres moyens plus dignes, plus efficaces, que ceux que l'on employait autrefois. Ce n'est point le moment d'exposer ici un plan de réforme qui est dans bien des esprits et qui certainement rehausserait les compétiteurs sans affaiblir l'autorité des juges.

Messieurs, si dans les phrases qui précèdent l'expression de ma pensée a été vive, veuillez bien croire qu'elle n'a voulu blesser personne de ceux qui m'écoutent et de ceux qui ont pris part à ces grands tournois. Toute médaille a son revers, toute époque a ses grandeurs et ses petitesses : on hurle avec les loups, et ceux-là sont excusables qui, voulant franchir l'inéludable défilé, ont courbé la tête sous les fourches caudines.

Les concours ont joué dans la vie de Robert un rôle si considérable, qu'il me faut bien en parler encore. En 1841, premier essai pour la chaire de médecine opératoire rendue vacante par la mort de Richerand. Robert avait pour sujet de thèse les *affections cancéreuses* et les opérations qu'elles nécessitent. Ce travail est intéressant à lire à titre de comparaison. En 1848, puis plus tard encore, lors de la célèbre discussion de l'Académie, Robert eut à s'occuper de cette grave et difficile question du cancer. On mettra fructueusement en regard les opinions du même médecin à différentes époques, et j'invoquerais volontiers cet exemple s'il fallait prouver que Robert avait l'esprit éminemment progressif, qu'il marchait avec la science et acceptait volontiers les changements que les novateurs lui font subir.

N'ayant point assisté à ce concours, je n'en signalerai pas les détails, je garderai le même silence sur celui de 1843, où Robert disputa la place de son cher Sanson, mort à la fleur de l'âge. Sa thèse sur les *anévrysmes de la région sus-claviculaire* est un bon travail qui est resté dans la science. De larges emprunts à la littérature étrangère ont permis à l'auteur d'écrire la première monographie complète sur ce sujet.

Pendant quelques années la mort respecta les chirurgiens; mais en 1847 elle atteignit l'un des plus jeunes, Auguste Bérard; une place de clinique chirurgicale fut déclarée vacante. En 1841 et 1843, Robert avait fait, si je puis dire ainsi, son stage de concurrent; comme depuis ce moment il n'avait pas un seul jour interrompu son travail, il était tout prêt et passait à bon droit pour un rival redoutable. Il justifia complétement les prévisions, et je n'hésite point à dire qu'il ne montra jamais mieux que cette fois ses qualités de clinicien accompli, aussi sa candidature fut-elle pour un instant sérieusement posée. Sur ces entrefaites, les événements de 1848 surgirent, et j'ai souvenir que pendant l'argumentation nous dûmes, pour arriver à l'école, franchir quelques barricades : ceci n'était rien, mais Robert n'avait pas d'appui parmi les puissants du jour qui, j'ai lieu de le croire, s'immiscèrent dans ce concours et y portèrent le poids de leur influence. Je n'ai pas mission de discuter le principe des candidatures officielles, je dirai seulement que s'il est contestable et contesté en matière représentative, il est en matière scientifique tout à fait inadmissible, ne fût-ce qu'en raison de l'incompétence et quand bien même il fonctionnerait discrètement et pudiquement.

Au demeurant, la campagne n'avait pas été mauvaise, évidemment la brèche était praticable; Robert avait grandi dans l'opinion; la clientèle en fournissait la preuve, le chiffre des recettes augmenta notablement dans les mois qui suivirent, car l'argent, il faut en convenir, est parfois un indice barométrique assez sûr de l'estime publique.

Deux ans s'étaient à peine écoulés et les portes de la Faculté s'ouvraient encore. La chaire de médecine opératoire devenait vacante par la mort de Blandin, qui l'avait occupée neuf ans à peine; Robert se retrouvait sur son terrain; M. Michon s'abstenait et M. Nélaton débutait. Mais un terrible adversaire se présentait aussi; il avait à lui seul plus de titres scientifiques que tous les concurrents réunis : on lui reprochait seulement de n'être pas un opérateur brillant. Le débat devait incontestablement se passer entre Robert et lui; chacun avait de chauds partisans; le résultat définitif était donc incertain. A la première épreuve Robert essuya un échec. La question écrite avait été posée dans les termes suivants : *Apprécier la valeur des différents modes de réunion des plaies*. L'emploi du mot *modes* qu'il eût été si facile de remplacer par celui de *moyens*, rendait ce titre ambigu. S'agissait-il de la réunion par première et seconde intention, ou fallait-il, comme au concours de l'externat, énumérer et décrire toutes les manières d'affronter les lèvres des plaies, depuis l'emploi du taffetas d'Angleterre jusqu'au manuel de la suture ?

Robert flaira l'équivoque, mais réfléchissant qu'on se proposait de nommer un professeur et non des externes, il adopta l'interprétation la plus élevée ; il traita de la réunion immédiate et secondaire, et le fit bravement, logiquement, d'un bout à l'autre de sa composition. Puisque le jury voulait un chapitre de petite chirurgie, il n'eût pas été superflu de l'indiquer plus clairement, car d'autres concurrents s'y trompèrent de même. Toujours est-il qu'on sut mauvais gré à Robert de n'avoir pas du premier coup deviné la charade.

Le reste du concours fut irréprochable, et c'est à la fin que fut soutenue la remarquable thèse que vous connaissez tous, sur les *amputations partielles du pied*, travail excellent que douze années écoulées n'ont pas fait vieillir.

Le premier tour de scrutin donna quatre voix à Robert. M. Malgaigne en eut sept, puis une de plus au deuxième tour, ce qui décida la nomination. Cette fois encore la défaite était glorieuse, devant un tel adversaire on tombe sinon sans regret, du moins sans honte. Le public acclama M. Malgaigne, mais donna la première mention à son rival.

Le concours de médecine opératoire n'était pas clos encore qu'une nouvelle vacance était déclarée. Un noble vétéran de la chirurgie française, dont le nom ne saurait être prononcé dans cette enceinte sans provoquer de respectueux regrets, le vénérable Marjolin venait de s'éteindre. M. Cloquet, d'abord professeur de pathologie chirurgicale, avait occupé dans la suite la chaire de clinique; il désira reprendre son ancienne chaire. C'était donc la clinique qui serait mise au concours.

Robert était à peine remis des fatigues de la lutte précédente. Il avait cinquante ans, de l'aisance, de la considération bien acquise, aussi hésitait-il à se lancer de nouveau dans la fournaise. Cependant les rangs des anciens candidats étaient singulièrement éclaircis; on ignorait si l'état de sa santé permettrait à M. Michon de se mettre en ligne; il semblait qu'un dernier effort suffirait pour dompter la fortune. Robert avait pu voir déjà que l'école ne lui était pas très-favorable; il y avait des ennemis ardents et des amis tièdes; il comptait plus sur les membres de l'Académie dont il était devenu le collègue depuis deux ans.

Il s'en fut visiter quelques personnes influentes pour leur demander loyalement conseil et appui au besoin.

. . . . (1).

Mon pauvre maître revint tout radieux de l'une de ces entrevues, dont il me raconta le soir même tous les détails. J'écoutai le récit et j'applaudis, mais je ne sais pourquoi le *timeo Danaos* me revint et longtemps obséda ma mémoire.

Il fut donc décidé qu'on reprendrait le collier de misère. Toutes les notes furent repassées, de nouvelles questions furent préparées; Robert vint à l'École pratique, dans

(1) Les lignes qui sont ici remplacées par des points retraçaient les épisodes principaux du concours de 1851. J'avais mis à les rédiger un soin minutieux et fait appel à toute l'impartialité dont je me sens capable : elles avaient toutefois le tort de renfermer trop de vérités, aussi furent-

mon cabinet, revoir, le scalpel à la main, plusieurs points d'anatomie chirurgicale : il faisait deux fois par semaine des leçons cliniques à l'hôpital Beaujon ; le soir il s'endormait, naïvement bercé par l'espérance.

Le concours s'ouvrit. M. Michon, lui aussi, voulait jouer sa dernière partie ; M. Nélaton se présentait pour la seconde fois ; Montpellier, comme au concours de 1848, nous envoyait un de ses meilleurs champions, M. le professeur Bouisson ; aux vétérans s'étaient adjoints plusieurs compétiteurs nouveaux.

Le jury fut constitué ; parmi ses membres figurait un homme dont l'équité dans les concours est avérée, et qu'à ce titre, comme à bien d'autres, je tiens pour ma part en grande estime. Pendant longtemps il avait entretenu avec Robert des relations amicales, mais deux concours

elles cause de l'orage soulevé dans le sein de la Société de chirurgie, et du retrait de mon discours. Je me disposais à les reproduire sans y changer un mot, lorsque je reçus de madame Robert la lettre suivante, que je transcris avec son autorisation :

« Mon cher monsieur Verneuil,

» Je suis infiniment touchée de l'hommage que vous avez rendu à la » mémoire de votre maître. Mais on me dit que certains passages de votre » discours ont été jugés trop personnels et quelque peu agressifs. Sachant » mieux que qui que ce soit les sentiments de pardon et d'oubli que mon » mari a emportés dans la tombe, je vous prie instamment de vouloir bien » ne pas publier les phrases qui pourraient blesser les susceptibilités des » personnes encore vivantes aujourd'hui.

» Veuillez agréer, etc. »

On ne discute pas la prière d'une femme digne de toutes les condescendances et de tous les respects ; on cède sans condition ou l'on passe outre, et voici pourquoi j'ai accordé sur-le-champ à madame Robert ce que j'avais cru devoir refuser à mes collègues.

antérieurs avaient semé la discorde entre ces deux hommes si honorables, et chacun se croyait en droit d'articuler contre l'autre des griefs sérieux.

Cette regrettable inimitié reposait sur un malentendu; elle tirait son origine d'une trahison de vote, dont l'auteur véritable, encore inconnu, a trouvé plus commode de laisser peser sur Robert l'onéreuse responsabilité. Des représailles, fort légitimes en apparence, avaient été exercées, en un mot l'hostilité était flagrante et menaçante. Quelques amis radicaux conseillèrent la récusation, disant qu'un ennemi est toujours moins dangereux hors des murs que dans l'enceinte; d'autres, plus prudents, objectaient le scandale. Robert, qui réprouvait les procédés violents, écouta les derniers.

Il parcourut brillamment la série des épreuves: cette fois la question écrite ne lui fut pas défavorable, il traita d'une manière supérieure la question classique de l'*étranglement en général*; puis vinrent les leçons cliniques où naturellement il ne faiblit pas. Enfin, dans une volumineuse compilation, il fit habilement l'histoire des *vices de conformation congénitaux des articulations*.

A la fin de la course voici comment l'opinion générale classait les principaux concurrents. En tête, *ex æquo*, Robert et M. Michon; ces vieux joûteurs, qui toute leur vie avaient concouru et bien concouru, connaissaient à fond leur métier, ils distancèrent les autres comme on s'y attendait. M. Bouisson les suivit de près, il avait été brillant, élégant et solide à la fois. Il méritait bien les palmes qu'il remporta à Montpellier. . . . .

. . . .

Il paraissait donc évident que la lutte se passerait entre ces deux vétérans, qui depuis vingt ans avaient consacré leurs forces et leurs veilles à l'enseignement public, et professé librement la chirurgie à des milliers d'élèves; l'épreuve des titres scientifiques paraissait même devoir faire pencher la balance en faveur de Robert. Pendant quelques jours celui-ci put se croire professeur et fut salué comme tel par mainte personne.

Le jury était réduit à douze juges, sept d'entre eux avaient promis leur soutien et s'étaient, à diverses époques, catégoriquement engagés. Deux jours avant l'issue, une première défection fut annoncée, c'était celle d'un vieillard honorable, membre de l'Académie. Robert n'y voulait pas croire; il alla trouver Reveillé-Parise (c'était son nom), qui protesta et renouvela ses assurances de la manière la plus formelle; son caractère désintéressé, sa probité bien connue semblaient des garants sûrs.

Enfin le scrutin s'ouvrit. Quoique le vote soit réputé secret, les mystères de l'urne sont toujours connus. Voici quel fut le résultat primitif :

M. Michon. . . . 4 voix.
M. Bouisson. . . 3 voix.
M. Nélaton. . . . 3 voix.
Robert. . . . . . 2 voix seulement.

Même répartition au deuxième tour, qui était encore libre. Évidemment la bataille était perdue. Deux juges qui seuls avaient tenu religieusement leur parole, Gerdy et M. Malgaigne, durent choisir un autre candidat.

M. Bouisson fut évincé par le ballottage. Les voix se partagèrent définitivement au quatrième tour. M. Michon en eut cinq ; les autres nommèrent M. Nélaton.

Sept promesses, deux paroles fidèles ! Voici quelques détails sur ce qui s'était passé.

Un juge, pour voir, disait-il, quelle tournure prendraient les choses, avait voulu donner au premier tour une voix de consolation. La tournure sans doute lui parut bonne, car le provisoire devint définitif.

. . . .

Un autre répondit qu'il votait pour les gros livres. .

. . . .

Il importait extrêmement de détacher Reveillé-Parise qui tenait bon et ne voulait point se parjurer. A force de rôder autour de lui on trouva, non sans peine, le défaut de la cuirasse. Le pauvre vieillard était presque dans l'indigence. Il tenait de sa plume une modeste position qui lui rapportait quelque argent. Il lui fut enjoint par des personnes étrangères au jury, d'abandonner Robert sous peine de perdre sa place. L'honneur d'un côté, et de l'autre le pain. Il fallait choisir et perdre l'un des deux. Hélas ! la faim est cruelle conseillère ; la probité succomba, mais le remords déposé dans les âmes sincèrement honnêtes agit comme un poison : Reveillé-Parise courba le front jusqu'à sa mort qui fut prochaine.

J'ai cité ce fait, messieurs, moins pour flétrir la mémoire d'un homme qui avait toujours mérité l'estime, que pour stigmatiser la moralité des moyens mis en usage.

. . . .

J'accepte comme un autre et dans une certaine mesure

les faits accomplis, et je suis le premier à reconnaître le mérite chirurgical incontestable, dont l'élu d'alors a donné depuis bien des preuves. Mais je dirai tout aussi nettement qu'à mon avis il ne devait pas sortir vainqueur cette fois. Son noviciat n'était pas fini ; plus tard, j'en suis convaincu, il aurait triomphé à son tour et tout le monde eût battu des mains. . . . .

. . . .

Ces détails précis que je pourrais multiplier, ces tristes révélations qu'il me serait aisé d'amplifier, sont tirés de notes prises à l'époque même et soigneusement conservées. J'en garantis donc la véracité. Peut-être serai-je sévèrement blâmé de les avoir mis au jour et d'avoir déchiré le voile du temple. Mais j'ai la conviction d'accomplir un devoir. Douze ans ont passé sur ces événements. C'est assez pour qu'il soit temps d'écrire d'une main ferme ce chapitre d'histoire contemporaine, ce drame dont plusieurs acteurs sont descendus dans la tombe. Il est temps de compléter sans passion, sans défaillance, le dossier du concours aujourd'hui renversé mais qui peut renaître demain, et qui, dans tous les cas, ne ressuscitera que dépouillé des vices rédhibitoires qui ont précipité sa chute.

A tout prendre, je réclame pour un mort que comme moi vous avez tous aimé et plaint, et puis dire avec notre poëte :

Je n'ai flatté que l'infortune.

Vous ne mettez pas en doute ma sincérité, et vous voyez bien que je fais bon marché de mes intérêts personnels; laissez-moi de plus une espérance : laissez-moi croire que les rudes accents sortis de ma bouche seront absous par vous, qui avez choisi pour devise : VÉRITÉ DANS LA SCIENCE, MORALITÉ DANS L'ART.

Cette défaite dernière accabla Robert : elle renfermait les illusions à jamais perdues, les rêves évanouis pour toujours. Harassé physiquement, brisé moralement, il était prêt à maudire le travail et à briser l'idole que trente années durant il avait encensée. Cette crise aiguë de découragement ne dura pas longtemps; il aimait trop l'étude pour renoncer à cette source suprême de consolation; il se releva donc. D'ailleurs il avait à cœur de montrer ce qu'il valait et quel homme on avait systématiquement repoussé. A défaut de chaire, deux tribunes lui restaient : l'hôpital et l'Académie. Son adjonction à la savante compagnie datait de 1849 : elle avait été préparée de longue main par des communications nombreuses et importantes qui, depuis 1835, avaient valu à leur auteur l'honneur insigne de figurer quatre fois déjà sur les listes de présentation.

J'indiquerai sommairement les principales lectures :

1835. Luxation incomplète du fémur, en bas et en arrière de l'ischion.

1836. Restauration de la paupière inférieure et de la joue presque entièrement détruites par une pustule maligne.

1840. Inflammation des follicules muqueux de la vulve.

1842. Oblitération de la pupille consécutive à l'iritis, et guérie par un procédé particulier.

Résection des os du coude ; mécanisme des mouvements après la guérison.

1841. Chute du rectum; nouveau procédé opératoire.

1844. Fractures du col du fémur par pénétration.

1846. Traitement chirurgical des atrésies de l'iris, etc.

Si je donne cette liste au courant de la plume et sans appréciation détaillée, c'est que je veux indiquer seulement comment Robert comprenait les candidatures et les cultivait. En 1846, la sienne devint très-sérieuse. A cette époque, il se trouvait déjà face à face avec M. Malgaigne qui l'emporta ; mais les vingt-trois voix décernées à Robert au premier tour semblaient le désigner pour la prochaine élection : il fut en effet nommé en 1849, lorsqu'une vacance fut faite par la mort de Lisfranc. C'était un bel héritage à prendre que celui du fondateur méthodique de cette médecine opératoire qui fera la gloire du dix-neuvième siècle en général, et de notre pays en particulier.

La lutte fut si vive et marquée par de si bizarres incidents, qu'il n'est pas sans intérêt d'en retracer les péripéties. Les appelés étaient nombreux, mais une décision de l'Académie avait restreint à six les candidats présentés et classés simplement par ordre alphabétique.

Au scrutin de 1846, les trois compétiteurs qui avaient obtenu le plus de voix étaient MM. Malgaigne, Robert et Vidal (de Cassis).

En 1849, Vidal se retire : MM. Larrey, Maisonneuve et Nélaton sont présents sur la liste ; mais une candidature nouvelle a surgi, redoutable par le talent de l'homme, par son immense popularité et les amitiés vives que lui valait son aimable caractère. A la vérité, l'illustre spécialiste de l'hôpital du Midi n'avait en médecine opératoire proprement dite qu'un mince bagage; mais les sympathies et les besoins de l'Académie n'y regardent pas de si près, et la barrière des sections n'est pas toujours infranchissable.

C'était le 3 juillet; malgré la chaleur, il y avait quatre-vingt-huit votants: Robert tout d'abord réunit trente-six voix, M. Ricord trente-deux, M. Larrey dix-neuf. Quelques retardataires arrivent, second tour avec quatre-vingt-onze votants : quarante-trois suffrages pour Robert, quarante et un pour son antagoniste, sept pour M. Larrey.

Les candidats se serraient de près ; il n'y avait pas encore de majorité. Un troisième tour de scrutin ralliant les voix égarées, semblait devoir terminer tout ; il n'en fut rien. Quatre-vingt-neuf membres étaient à leur place : M. Larrey conserve une voix, et les noms de Robert et de Ricord retentissent quarante-quatre fois devant les échos étonnés. Cela ne s'était pas encore vu depuis la fondation de l'Académie. En l'absence de tout précédent, le nouveau ballottage est renvoyé à quinze jours. Rendez-vous général assigné au ban et à l'arrière-ban des amis pour le 17 juillet. Nouvelle difficulté; le scrutin n'avait été ouvert qu'à trois heures et demie. Deux académiciens pressés avaient déposé leur bulletin dans l'urne et s'étaient esquivés. Là-dessus, grand bruit, débat fort animé ; pour éviter toute illégalité, nouvelle remise de l'élection à la séance suivante. Celle-ci fut décisive : quatre-vingt-neuf votants ; Robert obtint neuf voix de majorité.

Je vous laisse à supputer les lettres et les rencontres, les marches et les contre-marches qui remplirent ces vingt jours, sans compter les visites préparatoires et les visites de remercîments. A quelques jours de là, je causais avec Robert des épisodes de sa nomination ; ce n'était rien moins qu'une odyssée, je vous assure : il récapitulait, moitié en plaisantant, moitié en regrettant les heures perdues, le nombre de visites officielles à mettre au compte de ses candidatures. Depuis 1835 il en avait tenu note ; elles s'élevaient à 1400 environ ! Certes jamais la statistique n'a mieux servi à relever un abus criant. 1400 visites, à une heure l'une dans l'autre ! On ne consacre guère au travail effectif que quatre heures par jour, donc une année entière passée sur le pavé, tout le temps nécessaire pour écrire une œuvre durable et transmettre honorablement son nom à la postérité.

On ne songe pas sans effroi au temps prélevé sur l'existence d'un homme officiel par ces démarches regrettables à tant d'égard ; 10 pour 100 peut-être de la fleur de la vie sont gaspillés de la sorte.

Internat : visites ; prosectorat, professorat, agrégation : visites ; académies, décoration : visites ; visites toujours, se multipliant comme le carré des hauteurs. Et ce n'est pas encore tout : prise de possession légitime : visites ; revendication du droit : réunion de corps et visites ; luttes contre l'intrigue et les prétentions outrecuidantes : réunion de corps, audiences et visites. C'est une hydre à cent têtes qui dévore le temps, ruine le pauvre et n'enrichit personne.

Et l'on s'étonne qu'au début, quand on marche sans

ces sottes entraves, on soit lièvre ; et que plus tard, les pieds embarrassés, on devienne tortue !

Mais ces visites, dira-t-on, nul n'est contraint de les faire ! C'est vrai ; mais il paraît que sans elles on court grand risque de rester à la porte. Ceux-là donc sont responsables qui les reçoivent et non ceux qui les font. Grand bénéfice pour la science le jour où cet impôt disparaîtra.

Si cette protestation me paraissait inutile, je n'en aurais pas fait l'objet d'une si longue digression : *utopie aujourd'hui, réforme naturelle demain.* Voilà mon dernier mot.

Mon dessein n'est pas, je vous l'ai déjà fait pressentir, d'analyser en détail les diverses publications sorties de la plume de Robert, et vous me permettrez de ne point vous fatiguer par une sèche énumération.

Il est à propos cependant d'apprécier succinctement l'étendue, le caractère et la portée de l'œuvre ; elle n'est pas considérable et remplirait à peine quatre volumes in-8°, si l'on en réunissait les fragments épars. J'ai dit les causes principales de cette stérilité. Robert n'a pas composé de gros livres ; il aurait voulu les faire lui-même, surtout ne pas livrer à la publicité de ces ouvrages indigestes où l'erreur pullule à chaque page, où la science est odieusement frelatée, et qui de la saine érudition ne possèdent que la livrée trompeuse. Il n'a publié que des monographies, des thèses de concours, des rapports et des observations cliniques. Le tout rédigé correctement, avec sagesse et bonne foi.

La chirurgie classique lui a fourni ses principaux sujets,

et il s'est efforcé d'épuiser dans des mémoires successifs quelques questions favorites qu'il avait méditées dans sa jeunesse ; nouvelle preuve de cette persévérance que j'ai mise en relief il y a quelques instants. Je citerai donc ses travaux sur les fractures du col du fémur, sur les luxations de l'épaule, sur les maladies de l'iris, la fistule lacrymale et l'oculistique en général, qu'il avait approfondie avec Sanson, sur les rétrécissements de l'urèthre, les maladies utérines, les polypes naso-pharyngiens, les hémorrhagies traumatiques du membre supérieur , les amputations partielles du pied, le cancer, etc.

S'il n'a pas révolutionné la chirurgie, son nom restera néanmoins attaché à des questions modernes qu'à lui seul il a presque épuisées, telles : les varices artérielles du cuir chevelu, l'hypertrophie de la parotide, la diphthérite des plaies , l'hypertrophie chronique des amygdales chez les enfants , cause si commune de débilitation générale, enfin cet écoulement aqueux oublié depuis Béranger de Carpi et Cotugno, et qui constitue pour certaines fractures du crâne une si curieuse complication.

A l'Académie, Robert payait largement de sa personne ; il faisait des rapports consciencieux, témoin celui qui fit décerner le prix d'Argenteuil à Reybard, mort de la mort des braves médecins, d'une piqûre anatomique. Ce travail est le fruit de deux ans de recherches cliniques.

Du haut de la tribune de la rue des Saints-Pères, il prit une part active aux discussions sur les kystes de l'ovaire, l'ostéomyélite, les déviations utérines, l'amputation à la suite des plaies d'armes à feu, etc.

Qu'ai-je besoin de dire le rôle qu'il a joué dans notre

société? Nos Bulletins sont plus éloquents que je ne pourrais l'être. Il vous présida en 1848, devint honoraire il y a trois ans, mais ne nous priva jamais de ses lumières ni de ses conseils plus précieux encore.

Très-versé dans les questions de thérapeutique, et partisan dévoué de la chirurgie conservatrice, il n'affectait ni dédain ni enthousiasme pour les remèdes nouveaux; il les jugeait seulement, et nous a laissé, sur les agents curatifs internes ou externes, une foule de notes et de rapports pleins de bon sens et d'esprit pratique.

Il était cependant bien éloigné de cette immobilité fâcheuse, de cette tendance réactionnaire, de cette prétention à l'infaillibilité qui caractérisent tant d'hommes distingués arrivés au seuil de la vieillesse. Tout au contraire, Robert, qui aimait sincèrement la jeunesse, s'intéressait beaucoup au sort des idées nouvelles. Un novateur sérieux qui se présentait à lui était sûr d'être écouté et favorablement accueilli; il lui facilitait l'entrée de l'hôpital, et au besoin, quand l'intérêt des malades n'avait pas à en souffrir, il autorisait des expériences publiques. C'est ainsi qu'à son arrivée à Paris, M. Bozeman, à peu près ignoré chez nous, reçut dans les salles de l'Hôtel-Dieu l'hospitalité chirurgicale, et put nous montrer ces procédés de suture délicate et efficace à l'aide desquels tous les chirurgiens d'aujourd'hui guérissent réellement la fistule vésico-vaginale.

Même accueil à l'ophthalmoscope, au laryngoscope importé par M. Czermak; en un mot à toutes les découvertes dont l'art moderne s'est enrichi. Du reste, il ne se contentait pas d'approuver du geste et de la voix, il se mettait lui-même à l'ouvrage : dépourvu de fausse honte, il appelait publiquement à lui les nouveaux adeptes, et faisait bravement son apprentissage sous leur direction. Ainsi se comporta-t-il, par exemple, à l'égard de l'ophthalmoscope et du microscope.

C'est à propos de cet instrument que Robert a fourni la preuve la plus éclatante de sa libéralité scientifique. Il avait toute sa vie étudié le cancer et les tumeurs qui lui ressemblent ; aussi, grâce à la rectitude de son jugement, il ne se dissimulait pas l'obscurité profonde qui régnait sur ce sujet. On en était, il y a vingt ans, au même point que Boyer, Bayle et Laennec, et l'on vivait sur la fameuse triade anatomique. Les divisions et subdivisions tracées d'après les caractères extérieurs et les dénominations tirées de la comparaison du tissu morbide avec tous les légumes du potager et les ingrédients culinaires, n'avaient fait qu'augmenter le gâchis.

Une lueur sortie du cerveau de l'illustre Müller semblait devoir illuminer ce chaos. MM. Lebert et Ch. Robin, secondés plus tard par quelques jeunes chirurgiens, recueillaient le rayon venu d'Allemagne, et le dirigeaient sur le champ vaste de la clinique. D'abord les maîtres encouragèrent cet exercice qu'ils considéraient comme un amusement sans portée. La puce est curieuse à voir vingt fois amplifiée ; il n'y avait donc pas de mal à regarder les tumeurs. On alla plus loin, on accabla les micrographes de besogne ; on leur envoya pièces sur pièces, et on leur demanda des notes détaillées. Tout allait bien jusque-là ; mais lorsque la lentille interrogée se permit par hasard de ne point confirmer les diagnostics portés, et de prouver que les cliniciens pouvaient se tromper quelquefois, le scandale fut grand et la résistance se révéla soudaine et obstinée. On avait largement usé le temps des micrographes et on l'usait encore; mais dans certains services on les trompait à plaisir; on les raillait durement, quand on ne les insultait pas. Il y aurait sur cette période quelques pages bien curieuses à écrire.

La mèche était près de la poudre; le procès s'ouvrit à l'Académie de médecine, peu préparée malheureusement à l'instruire et à le juger en connaissance de cause. La micrographie moderne n'y comptait pas un représentant. On sait comment s'engagea le débat; ce fut à propos d'un rapport très-court de M. Jobert sur un encéphaloïde du testicule guéri par la castration. On allait passer à l'ordre du jour en approuvant les conclusions, lorsque Robert, sans préméditation, fit remarquer qu'un fait si rare mériterait d'être encadré. Ces quelques mots suffirent pour enflammer la mine. Je ne rappellerai pas les phases de cette discussion célèbre où pendant plusieurs mois Robert, presque seul, soutint le choc de ceux qui, s'avouant ignorants, désiraient être éclairés, et de ceux qui niaient résolûment la valeur des applications du microscope à la clinique. En tête de ces derniers se trouvait, on s'en souvient, M. Velpeau, qui de sa main puissante avait tracé autour de la question un cercle étroit, disant à la science : *tu n'iras pas plus loin.*

Robert appréciait, par expérience, les enseignements de la micrographie; mais au début de la campagne il n'était point micrographe : fidèle à sa maxime de ne point condamner sans entendre et parler sans savoir, pendant trois mois durant, il alla s'instruire avec ses propres yeux chez MM. Ch. Robin et Broca, ou près de moi-même. Quoiqu'il eût affaire à un contradicteur dès longtemps préparé, il se défendit avec bonheur; il défendit surtout la cause du progrès et celle de la jeunesse qui lui en a su fort bon gré.

L'acte d'incrédulité qui avait provoqué le débat n'était pas d'ailleurs hors de saison; car, si je n'ai pas été trompé par de faux rapports, faciles du reste à rectifier, l'encadreur n'aurait eu rien à faire, car le malade au testicule succombait à la récidive, avant la fin même du conflit académique.

A traiter un sujet favori la plume ne se lasse guère, il pourrait en être autrement de votre attention et de votre bienveillance que je mets à l'épreuve depuis plus d'une heure. Je passerai donc rapidement sur quelques derniers faits.

Chevalier de la Légion d'honneur en 1845, après vingt ans de fonctions publiques, Robert fut promu, en 1860, au grade d'officier de l'ordre; sa boutonnière ne portait pas d'autres insignes.

En 1839, après quatre ans de séjour, il quitte l'hôpital de Lourcine pour Beaujon, où il reste dix-neuf ans et laisse de touchants regrets.

En 1856 il eût dû prendre le service de la Charité, mais son droit ne fut pas reconnu. En 1858, enfin, il rentre à l'Hôtel-Dieu et y professe la clinique libre, non toutefois sans rencontrer de mesquines oppositions.

Le 1er janvier 1862 il subit la loi de l'âge et quitte ses fonctions sans se lamenter. Il ne se targuait pas d'une éternelle jeunesse, et quoique son œil fût encore sûr aussi bien que sa main, il fit de bonne grâce place aux autres. Dans sa sagesse il ne voulait pas d'ailleurs exposer à tous les yeux l'invasion et les progrès d'une décadence intellectuelle et physique à laquelle nul n'échappe. L'administration lui décerna le titre de chirurgien honoraire.

Dans ces dernières années, l'Académie de Belgique lui fit parvenir un diplôme de membre correspondant.

En 1856, appelé, après un stage prolongé, à remplir la chaire d'anatomie de l'École des beaux arts, il eut l'honneur de présider cette école en 1861. Là comme partout, il rendit de grands services et contracta d'illustres amitiés : professeur ou administrateur, il a marqué son passage par une période de prospérité que ses collègues n'ont pas oubliée.

En 1836, en vertu d'une coutume antique dont j'aurais eu plaisir à vous parler plus longuement, Robert, par délibération du conseil municipal de Luzarches, était nommé chirurgien consultant du modeste hôpital de cette petite ville.

J'en passe peut-être, mais que ferait un titre de plus, n'en ai-je point assez dit pour que chacun sache comme furent remplies quarante années de cette noble vie?

Robert, doué d'une bonne constitution, jouit longtemps d'une santé prospère. Il supporta bravement les premières fatigues de la carrière, échappant tant bien que mal à cette chlorose que provoquent souvent l'hôpital, l'amphithéâtre, le lever matinal et le coucher tardif. Il acceptait sans se ménager des occupations au-dessus de ses forces. En 1835 sa santé reçut une atteinte grave. On était aux vacances, et comme de nos jours les services chirurgicaux étaient en grand désarroi.

Titulaire à Lourcine, Robert remplaçait encore Sanson à la Pitié, Breschet à l'Hôtel-Dieu. Trois services chaque matin. Un jour, baigné de sueur, il se refroidit; il s'ensuivit une violente attaque de rhumatisme articulaire. La guérison longue à obtenir parut pourtant complète. Les membranes cardiaques ne semblaient pas envahies. Néanmoins la terrible diathèse était désormais installée; de temps à autre des manifestations arthritiques le prouvaient clairement : c'était un exanthème sévissant tous les hivers sur les poignets et les avant-bras; des lumbagos aigus à retour fréquent, des sueurs nocturnes continuelles, profuses, dont la suppression troublait subitement la santé générale; de plus un embonpoint précoce; enfin du côté du thorax, des troubles vagues dont la nature fut longtemps méconnue, et qu'en l'absence de signes stéthoscopiques précis on attribuait à des accès d'asthme.

Pour ma part je suis persuadé que dès le début on eût pu dire :

Hæret lateri lethalis arundo.

L'eau qui tombe goutte à goutte use le marbre, jugez donc quelle influence funeste durent exercer sur un organe prédisposé et peut-être lésé déjà, ces émotions morales déprimantes, tombant tous les jours et sous toutes les formes, depuis les revers de fortune et la perte de plusieurs enfants jusqu'aux désenchantements amers et aux déceptions du concours. Évidemment le cœur fut lentement miné. Les grands médecins ne sont pas toujours les mieux soignés, on les explore moins bien qu'un pauvre diable à l'hôpital. Sous prétexte d'asthme, Robert fut envoyé aux eaux du Mont-Dore. Le régime y est mauvais, la cure très-fatigante, le climat irrégulier et le pays difficile. L'effet fut désastreux, Robert en revint frappé à mort : un œdème considérable occupait les membres inférieurs, l'oppression était extrême, la parole éteinte, le cœur distendu outre mesure, le foie et les viscères énormément congestionnés, une dyspepsie flatulente très-pénible, tout révélait l'imminence du danger.

Les plus célèbres praticiens, Andral, Gendrin, Rayer et d'autres, visitèrent le malade et donnèrent leur avis. Le mois de septembre commençait ; le repos, des soins attentifs, une température douce et égale amenèrent un soulagement notable. Robert, depuis quelques années avait disposé dans un faubourg de Versailles une charmante petite retraite où il allait respirer l'air pur et se reposer des fatigues du jour. Quelques semaines passées dans ce réduit tranquille firent merveille. On put croire un instant que l'hygiène et la thérapeutique auraient raison du mal ou du moins en ajourneraient l'œuvre destructive. M. Trousseau le visita plusieurs fois, lui prodigua ses soins habiles et surtout le rassura de la façon la plus charmante : notre pauvre patient semblait renaître. Mais la lésion cardiaque était toujours là, et l'illustre consultant ne nous laissa jamais d'espérance ; il ne comptait que sur une rémission qui fut de courte durée. En novembre tous les symptômes graves reparurent formidables, incoercibles. Robert revint à Paris, y subir une horrible agonie. Pour comble de malheur, la tête fut la dernière à s'embarrasser. Il se vit donc mourir, et presque jusqu'à la dernière heure s'imposa la mission de souffrir en silence et de consoler sa famille éplorée.

Comme toutes les luttes qu'il avait soutenues durant sa vie, celle-ci fut cruellement opiniâtre ; comme autrefois son esprit, son corps se défendit à outrance, et la mort, hélas ! n'eut pas la victoire facile. Tout fut fini le 4 décembre ; Robert avait un peu plus de soixante et un ans.

A Versailles, pendant la trêve, la porte s'ouvrait devant quelques amis : j'étais du nombre et pus contempler avec admiration la manière dont un juste se prépare à quitter la terre. Jamais on ne verra sérénité plus grande, philosophie plus calme, résignation plus douce, piété plus simple. Il nous parlait sans amertume du passé, à peine du présent, jamais de l'avenir; sentant bien en lui-même que tout était fini. L'homme public n'existait plus; nous étions en face de l'homme intime drapé dans sa grandeur morale. La bonté, l'amour, la justice, la probité formaient autour de son front pâle une couronne resplendissante.

Robert, il est à peine besoin de le dire, aimait les joies de la famille et pratiquait les vertus du foyer : il adorait ses enfants ; il avait souhaité longtemps élever un fils, ce vœu ne fut pas exaucé. Mais il lui fut donné de réunir à son chevet de mort tous les dévouements et toutes les tendresses. Ce fils si désiré il l'avait trouvé dans la personne de son gendre; aussi, à l'automne de sa vie, pouvait-il répéter avec joie :

Laissez venir à moi mes petits-enfants.

www.ingramcontent.com/pod-product-compliance
Lightning Source LLC
LaVergne TN
LVHW010040230826
846091LV00005B/1797

* 9 7 8 2 0 1 2 4 7 6 0 4 2 *